LA
PRODUCTION COOPÉRATIVE

PAR LES ASSOCIATIONS OUVRIÈRES

THÈSE POUR LE DOCTORAT

Présentée et soutenue le lundi 21 mai 1900, à 1 heure

PAR

EDMOND COUTARD

AVOCAT A LA COUR D'APPEL

ANCIEN ÉLÈVE DIPLÔMÉ DE L'ÉCOLE DES SCIENCES POLITIQUES

Président : M. GIDE.

Suffragants : { MM. JAY, SOUCHON, } *professeurs.*

PARIS

Librairie Nouvelle de Droit et de Jurisprudence

ARTHUR ROUSSEAU, ÉDITEUR

14, RUE SOUFFLOT ET RUE TOULLIER, 13

1900

Imp. J. THÉVENOT, Saint-Dizier (Hte-Marne)

THÈSE

POUR LE DOCTORAT

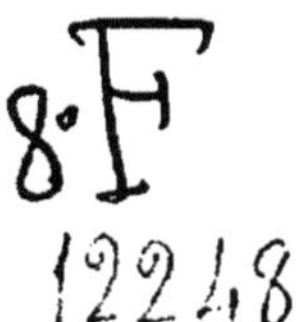

UNIVERSITÉ DE PARIS. — FACULTÉ DE DROIT

LA
PRODUCTION COOPÉRATIVE
PAR LES ASSOCIATIONS OUVRIÈRES

THÈSE POUR LE DOCTORAT

L'ACTE PUBLIC SUR LES MATIÈRES CI-APRÈS
Sera soutenu le lundi 21 mai 1900, à 1 heure

PAR

EDMOND COUTARD

AVOCAT A LA COUR D'APPEL
ANCIEN ÉLÈVE DIPLÔMÉ DE L'ÉCOLE DES SCIENCES POLITIQUES

Président : M. GIDE.
Suffragants : { MM. JAY, SOUCHON. } *professeurs.*

PARIS

Librairie Nouvelle de Droit et de Jurisprudence

ARTHUR ROUSSEAU, ÉDITEUR

14, RUE SOUFFLOT ET RUE TOULLIER, 13

1900

LA
PRODUCTION COOPÉRATIVE
PAR LES ASSOCIATIONS OUVRIÈRES

INTRODUCTION

LA COOPÉRATION DANS LE DÉVELOPPEMENT ÉCONOMIQUE.

Avant d'étudier la production coopérative sous la forme qu'a vu naître la dernière moitié du XIXe siècle, c'est-à-dire sous la forme d'associations ouvrières de production, il importe d'étudier, d'une façon plus générale, le principe même de la coopération dans la production.

Les associations ouvrières de production en effet, bien qu'elles appartiennent en propre à notre siècle et qu'elles ne puissent guère, quoi qu'on en ait dit, aller chercher des ancêtres dans les institutions du passé, ne peuvent pas néanmoins être présentées comme un phénomène isolé au milieu du développement industriel. Elles se relient au contraire étroitement à ce mouvement : organisations nouvelles, elles ont cependant, si-non leur origine directe, tout au moins leur explication dans les phénomènes généraux qui caractérisent ce développement. En cela d'ailleurs, elles suivent la règle générale qui veut qu'en économie politique comme en biologie, tout être se rattache à une espèce, comme toute institution à un ensemble de phénomènes sociaux, et que les êtres les plus différents comme les institutions les plus diverses ne soient que les déviations d'un type unique, modifié par les transformations successives du milieu.

La forme d'association ouvrière de production n'est ainsi que l'application nouvelle d'un principe ancien, celui de la coopération dans la production.

Or, ainsi que nous allons le voir, ce principe domine toute l'organisation industrielle moderne : c'est par suite de l'apparition de la coopération dans la production qu'est née l'industrie de manufacture, l'industrie capitaliste. C'est par l'application de plus en plus rationnelle de la coopération que se marquent les différents perfectionnements de cette industrie : ce sont maintenant les résultats excessifs produits par le développement de ce principe que les associations ouvrières vont s'efforcer de corriger en l'appliquant différemment. Parcourons donc en quelques lignes les différentes modifications que cette idée a subies et fait subir à l'organisation industrielle.

* *

Qu'est-ce tout d'abord que la coopération si on prend ce mot dans son acception la plus générale ?

« Quand plusieurs travailleurs fonctionnent ensemble, en vue d'un but commun, ou dans des procès différents mais connexes », a dit Karl Marx (1), « leur travail prend la forme coopérative » ; et il arrive plus loin à cette conclusion « que le mode fondamental de la production capitaliste, c'est la coopération ».

M. Brentano, tout en critiquant sur certains points cette théorie de Karl Marx, reconnaît cependant la vérité de cette constatation (2) et dit en termes formels que c'est par l'introduction de la coopération et de la division du travail dans la même entreprise « que la manufacture a remplacé l'ancien métier » et qu'ensuite par l'application des machines, la fabrique a remplacé la manufacture.

La coopération est en effet la condition nécessaire pour l'établissement de la division du travail. Ainsi que le dit Stuart Mill (3), « non seulement il y a coopération, quand plusieurs individus s'entr'aident, et ajoutent leurs efforts en vue d'arriver à l'établissement d'un pro-

(1) Karl Marx, *Le Capital*, liv. I, chap. XIII, trad. Lachâtre, p. 121, 2ᵉ col.

(2) Lujo Brentano, Dernières causes de notre misère sociale, *Rev. d'Ec. pol.*, 1889, p. 910.

(3) Stuart Mill, *Principes d'économie politique*, trad. Courcelle-Seneuil, liv. I, chap. VIII.

duit commun, mais il y a coopération aussi quand, par suite d'un concert réel bien que sous-entendu, certains groupes de producteurs produisent en surabondance certains objets qu'ils échangent contre d'autres objets, que d'autres producteurs auraient eux aussi, de leur côté, produits en quantité plus grande qu'il n'était nécessaire pour arriver à la satisfaction de leurs propres besoins. » C'est là justement le fondement du principe économique de la division du travail.

Or, comme il a été établi par les travaux des économistes contemporains et notamment par M. Schmoller (1), la division du travail est plus qu'une « règle technique de production, mais doit être considérée comme un grand processus historico-social qui ne s'arrête jamais tout à fait, mais qui souvent, pour des dizaines et des centaines d'années, s'incruste dans différentes formes et qui, dans chacune de ses parties, est nécessairement le produit des traditions du passé. » C'est donc bien, comme le dit Karl Marx, l'apparition de la coopération dans la production, se traduisant par la naissance de la division du travail, son succédané, qui doit être placée à la base de tout le développement économique et industriel moderne. C'est donc bien là un principe d'ordre tout à fait général auquel il faut rat-

(1) Schmoller, La division du travail étudiée au point de vue historique, *Rev. d'Ec. pol.*, 1889, p. 569.

Voir aussi Durkheim, *La division du travail social.*

tacher les formes différentes d'industrie qu'il a pu susciter.

∴

Quelles ont donc été ces principales formes et quelles sont les modifications successives que l'application du principe de la coopération a amenées dans le développement économique ?

Nous n'entreprendrons point d'entrer ici dans le détail, ce qui serait tout à fait en dehors de notre étude ; qu'il nous suffise d'indiquer les quelques stades principaux par lesquels est passée la production industrielle au cours de ce développement.

D'après M. Bucher (1) on peut ramener à cinq les différents systèmes d'organisation de l'industrie : l'industrie du foyer, le travail loué, le métier, l'industrie à domicile, la fabrique.

Dans les quatre premiers stades, la coopération s'est manifestée sous la première forme que Stuart Mill dépeignait tout à l'heure, plusieurs individus surajoutant leurs efforts en vue d'arriver à l'établissement en commun du produit. C'est là la forme grossière ; il y a addition d'efforts, il n'y a pas multiplication.

La coopération sous la seconde forme apparaît surtout au quatrième stade ; c'est elle qui tend à transformer l'industrie, s'exerçant sous la forme de métier ou d'industrie à domicile, en industrie de fabrique ou de

____

(1) Bucher, Les formes d'industrie dans leur développement historique, *Rev. d'Ec. pol.*, 1892, p. 625.

manufacture. Cette transformation, d'après M. Brentano (1), se serait effectuée vers la fin du XVI° siècle.

Quel est le trait caractéristique de cette transformation ?

Auparavant, chaque artisan achevait lui-même son produit : tout au plus, comme nous venons de le voir, faisait-il appel à quelques collaborateurs qui venaient joindre directement leurs efforts aux siens, lorsque la tâche était trop lourde pour un seul. Mais la production était par essence individuelle, et chaque producteur, chaque artisan, avait la possibilité de réaliser lui-même la valeur totale du produit achevé par la vente directe au consommateur.

Mais avec l'apparition de la seconde forme de la coopération, amenant la division du travail et la naissance de l'industrie de fabrique, la situation change. Il n'y a plus d'artisans travaillant isolément : il y a d'un côté un entrepreneur qui organise tout le procédé de la production ; de l'autre des ouvriers réunis par lui dans un atelier commun, d'après un plan organisé.

« A partir du XVI° siècle, dit M. Schmoller (2), il se forme une espèce de division du travail plus développée qu'auparavant, à savoir : celle qui reposait sur la coopération de plusieurs ateliers à domicile. Autrefois le drapier foulait et teignait lui-même ses draps ; plus tard il avait à côté de lui un fouleur, un teinturier,

<hr>

(1) *Rev. d'Ec. pol.*, *loc. cit.*, p. 350.
(2) Schmoller, Division du travail, *Rev. d'Ec. pol.*, *loc. cit.*, p. 600.

un apprêteur. Puis vint un moment où une même pièce de métal par exemple commença à passer régulièrement par plusieurs ateliers ; les pièces nécessaires pour une montre furent faites dans une série de petits ateliers. L'ensemble de la production réclamait dès lors un exact engrenage des ateliers et des ouvriers. De nombreux règlements, des contrôles exercés par la commune et par l'État joints à l'influence des chefs, ne pouvaient obtenir qu'avec peine que de si grandes forces travaillassent sur le même plan. Ainsi se forma le grand atelier... Il s'opéra dès lors une plus grande spécialisation des outils ; un engrenage plus sûr et plus prompt des opérations devint possible. » A chacun des ouvriers est attribuée une des opérations de cet engrenage, à chacun une partie et une seule partie de la tâche. Chacun coopère à l'achèvement du produit et cet achèvement du produit nécessite l'effort de plusieurs ouvriers.

A cette époque, et par suite de cette transformation, le capital entendu dans le sens d'instrument de production apparaît plus évidemment que sous les états antérieurs et revêt deux formes. Il se présente d'abord sous la forme des instruments de production, des outils dont l'entrepreneur arme l'ouvrier pour augmenter la productivité de son travail : outils qui deviennent de plus en plus nombreux et de plus en plus importants à mesure que le travail se divise davantage et que par suite de cette division une plus grande partie des opérations peut arriver à se faire mécaniquement.

Le capital apparaît ensuite sous une autre forme, sous la forme d'avances servant à donner au travail la rémunération qui lui revient. En effet, dans la forme antérieure de l'industrie, l'artisan peut, comme nous l'avons vu, se payer lui-même par la vente faite directement au public du produit qui sort de ses mains. Avec l'industrie de fabrique, cela n'est plus possible, le producteur ne peut plus vendre directement : désormais, c'est l'entrepreneur qui lui fait l'avance de ce que doit lui rapporter son travail, sous forme de salaire fixe. Sans doute, le salaire avait bien existé sous une forme ou sous une autre dans les stades antérieurs de l'industrie, mais c'est avec l'apparition de l'industrie de fabrique et avec la forme de coopération dont elle est la conséquence, que le salaire devient le mode normal de rémunération du travail, et la possession du capital destiné à en faire l'avance, la condition nécessaire de l'exercice indépendant de l'industrie.

Autrement dit, le capital sous ses deux formes s'empare de toute la production (1). Voilà le résultat de l'application à la production de la seconde forme de la coopération, de la forme rationnelle. Nous n'avons pas à rechercher ici, comme l'a fait M. Brentano dans l'article précité, si l'application de cette coopération rationnelle à l'industrie et l'apparition d'une division

(1) Bucher, *loc. cit.*, p. 630.

du travail mieux coordonnée n'avaient pas été elles-
mêmes nécessitées par une cause plus lointaine, si elles
ne résultaient pas de l'application de cette grande loi
plus générale encore, que l'industrie transforme nécessairement sa méthode et sa technique à mesure que
s'étendent les débouchés qui lui sont ouverts. Qu'il nous
suffise d'avoir dégagé les conséquences que devait entraîner l'apparition de ce que l'on peut appeler véritablement la production coopérative sans avoir à en rechercher les causes.

La conséquence principale de cette mainmise du
capital sur toute la production moderne, a été la domination absolue de l'entrepreneur propriétaire du capital, du capitaliste, sur tous les autres facteurs de la
production, et notamment sur le travailleur manuel,
sur l'ouvrier.

L'ouvrier possesseur seulement de sa force de travail,
ne pouvant plus l'exercer d'une façon indépendante,
est obligé de l'offrir à l'entrepreneur capitaliste, de la
lui vendre, et comme il est forcé chaque jour, pour
subvenir à ses besoins immédiats, de réaliser cette vente
d'une façon effective, il est dans la nécessité aussi, d'accepter presque toujours les conditions qu'on lui offre,
sans pouvoir imposer celles qui lui paraîtraient légiti-
mes, sans même, la plupart du temps, pouvoir les proposer (1).

____

(1) V. Brentano, *La question ouvrière*, chap. III.

Par suite du développement croissant du capital et de sa concentration entre les mains d'entrepreneurs de plus en plus puissants et de moins en moins nombreux, cette domination du capital tend à se faire de plus en plus absolue, et a pour résultat, sinon d'abaisser toujours le taux du salaire, tout au moins d'enlever à l'ouvrier tout contrôle et de le mettre, par suite, en état de perpétuelle défiance vis-à-vis de ceux qui l'emploient. Si bien que la coopération dans la production aboutit après quelques années de pratique à la division de la société en deux classes opposées d'opinions et d'intérêts, d'un côté, ceux qui possèdent le capital, de l'autre, ceux qui n'ont que leur force de travail (1).

C'est contre cet état de choses que la seconde de ces deux classes essaye sans cesse de réagir, et c'est pour cette lutte qu'elle a essayé, dans la dernière partie du siècle, de reprendre à son profit le principe de la coopération en l'appliquant sous une forme différente.

Elle a essayé de se créer une forme de coopération, pour ainsi dire interne, dans laquelle elle réunirait les éléments qu'une première application du principe avait dissociés et associerait sous une nouvelle forme le capital et le travail dans l'œuvre commune de la production. Elle a voulu créer une organisation dans laquelle la

(1) Brentano, *op. cit.*, p. 79. — Paul Boncour, *Le fédéralisme économique*, Alcan, éditeur, 1900.

classe ouvrière assumerait à la fois les deux fonctions, celle de travailleurs proprement dite et celle d'entrepreneurs, de façon à ce que la totalité du produit lui appartînt. C'est cette forme nouvelle de coopération dont nous allons maintenant étudier les formes diverses.

CHAPITRE PREMIER

LES THÉORICIENS DE LA PRODUCTION COOPÉRATIVE : Fourier, Owen, Buchez, Louis Blanc.

§ 1

C'est seulement dans la première moitié du XIX⁰ siècle, que l'idée de constituer une forme spéciale d'industrie, où la coopération consisterait, non seulement dans le fait que plusieurs ouvriers seraient employés à la confection d'un produit unique, mais encore en ce que tous les facteurs qui concourent à la confection de ce produit auraient un droit proportionnel dans la répartition à effectuer, se fit jour.

Pour la première fois à cette époque, on a la conception d'une forme d'association complète, dans laquelle les associés apporteront, non pas seulement un des éléments de la production, les uns apportant leur force de travail, les autres leur intelligence, les autres leurs capitaux, mais où chacun mettra en commun ce qu'il possède de ces trois éléments et restera travailleur, tout en étant actionnaire et en participant à la direction ; et on conçoit cette association, non pas comme une institution qui pourra être créée à l'état exceptionnel, mais comme une forme d'industrie qui ira se généralisant et qui arrivera rapidement à remplacer toutes les formes de production antérieurement existantes.

Celui auquel revient l'honneur d'avoir le premier émis cette idée, c'est Fourier. Et c'est avec raison qu'à l'heure actuelle un grand nombre de fervents de l'idée coopérative se réclament de son nom comme de celui du fondateur d'une lignée maintenant nombreuse et prospère.

C'est lui qui, au point de vue théorique tout au moins, doit être considéré comme le père de l'idée coopérative. D'autres sans doute, et notamment Buchez, viendront ensuite pousser des reconnaissances plus avancées dans les régions que Fourier avait entrevues dans un éclair de son génie, et commenceront à bâtir pierre à pierre l'édifice dont il avait seulement indiqué les grandes lignes, en quelques traits rapides; mais, s'ils ne s'inspirent pas directement de lui, tout au moins ne feront-ils que le suivre dans une voie qu'il aura indiquée.

C'est dans son *Traité de l'association domestique agricole* que Fourier a pour la première fois exposé les avantages de la production coopérative, et cela dès 1808, ou tout au moins dès 1822 (1). Ces idées furent ensuite reprises par lui, dans un autre ouvrage intitulé : *Le*

(1) M. Gide relève ce fait dans un article bibliographique de la *Revue d'Economie politique* (1887, p. 226) en réponse à une théorie de M. Rabbeno qui voulait enlever à la France l'honneur d'avoir été l'initiatrice du mouvement coopératif, en contestant que Buchez fût véritablement le premier précurseur de la coopération.

nouveau monde industriel et sociétaire, ou invention d'un procédé d'industries attrayantes et naturelles distribuées en séries passionnées.

Étant donnée la prééminence que Fourier accorde à la production agricole sur la production industrielle, c'est surtout en ce qui concerne la production et la répartition des produits de la terre qu'il a entendu appliquer son système de coopération ; et ce système n'est autre chose que l'indication, faite d'une façon très précise et très complète, de l'organisation qui s'est développée en France avec les syndicats agricoles et les sociétés coopératives pour l'achat et la vente en commun.

Cette organisation porte chez Fourier le nom de *Comptoir communal actionnaire*, vaste association agricole de production, d'approvisionnement, de vente et de crédit, dont l'un des principaux avantages est, d'après les paroles de Fourier lui-même, de « procurer à chaque individu toutes les denrées indigènes ou exotiques au plus bas prix possible, en l'affranchissant des bénéfices intermédiaires que font les marchands et les agioteurs » (1). Le comptoir communal offre aussi à ses participants des avantages d'un autre genre, en leur permettant de déposer leurs récoltes dans des magasins dont il est propriétaire, et en leur en délivrant immédiatement la valeur, constituant ainsi une société coopé-

(1) Fourier, *OEuvres choisies*, par Ch. Gide, p. 121.

rative de crédit par le moyen des warrants agricoles qui ont depuis quelques années seulement trouvé place dans notre législation.

Le comptoir communal est aussi une société coopérative de vente en commun et Fourier fait en quelques mots ressortir le singulier avantage de cette façon de procéder. Le comptoir communal « ne ferait qu'une seule négociation d'achats ou de ventes, au lieu de 300 négoces contradictoires, employant 300 chefs de famille qui vont perdre dans les halles et cabarets 300 journées à vendre sac par sac telle masse de denrées que la phalange sociétaire vendra en totalité à 2 ou 3 phalanges voisines ou à une agence de commission provinciale (1) ».

Cette forme étendue d'association coopérative agricole a pour Fourier l'avantage de donner enfin une solution au problème jusqu'alors insoluble des avantages respectifs de la grande et de la petite industrie. « Toute concentrée, ou toute morcelée », disait-il, « voilà la culture civilisée ; il semble qu'elle prenne pour modèle ces procureurs, qui tantôt écrivent en lettres d'un pouce de haut quand ils travaillent à la taxe et qui l'instant d'après écrivent en pieds de mouche, quand on ne paie que l'exploit et non les pages (2) ». L'association agricole réunira les avantages des deux formes en permettant de donner à une culture étendue les soins que demande la petite culture et d'obtenir ainsi sur de grandes

(1) Fourier, *Œuvres choisies*, par Gide, p. 21.
(2) Fourier, *Œuvres choisies*, par Gide, p. 94.

étendues les variétés de produits que l'on ne trouve d'ordinaire que dans les jardins. Fourier va même jusqu'à dire que les effets de la transformation produite par le développement de cette forme d'association seront si considérables que les températures même et les climats en éprouveront certaines modifications. Comme on le voit, sa conception de l'association coopérative en ce qui concerne la production agricole, ne manque ni d'ampleur ni d'originalité. C'est d'ailleurs là le côté de son talent que l'on est le plus habitué à considérer ; mais il faut remarquer aussi que si ces idées vont quelquefois jusqu'à la bizarrerie, elles voilent souvent, sous leur forme un peu déconcertante, des conceptions d'un ordre extrêmement pratique et que les événements se sont chargés de réaliser. C'est surtout dans le domaine de la production agricole que se révèle la plus grande analogie entre les idées exprimées par Fourier et les institutions actuellement existantes.

Mais ses idées ne sont pas moins intéressantes en ce qui concerne la coopération appliquée à la production industrielle, que nous avons surtout en vue dans cette étude.

La tentative de Fourier en ce qui concerne les modifications à introduire dans l'organisation industrielle moderne présente un caractère tout à fait particulier. Comme les économistes contemporains de l'école historique, il avait été très frappé de l'importance du phénomène de la division du travail : mais il avait remarqué que, si la division du travail a, en ce qui touche le développement de la production, des effets d'une très grande puissance, en revanche, elle est un élément de désorganisation sociale, parce que, née dans le sein de la famille, elle en a peu à peu franchi les limites trop étroites et qu'elle a fini par en détendre les liens. Et le but qu'il poursuit c'est d'arriver de nouveau à faire coïncider l'organisation familiale et l'organisation industrielle. Pour cela, il veut briser le cadre étroit de la famille ancienne et constituer une famille industrielle, à l'intérieur de laquelle s'opérera la division du travail. Cette famille industrielle, c'est le phalanstère qui n'est autre chose qu'une association coopérative de production et le type même de toute production coopérative, réunissant en un seul corps les divers éléments de la production dissociés et séparés. C'est grâce à cette association qui est l'association intégrale que l'on peut espérer arriver un jour à constituer au sein du monde moderne cette « Harmonie » qui doit être d'après Fourier le point terminus de toute évolution.

Fourier avait en effet vivement senti l'insuffisance du système industriel moderne, du développement duquel devait forcément résulter, d'après lui, une division de plus en plus profonde entre les différents éléments et les diverses personnes qui concourent à l'établissement du produit. « L'industrialisme », disait-il au début du *Nouveau monde industriel*, « est la plus récente de nos chimères scientifiques ; c'est la manière de produire confusément, sans aucune méthode de rétribution proportionnelle, sans aucune garantie, pour le producteur ou salarié de participer à l'accroissement des richesses ; aussi voyons-nous que les régions industrialisées sont autant et peut-être plus jonchées de mendiants, que les contrées indifférentes sur ce genre de progrès (1). »

C'est pour apporter quelque ordre dans cette anarchie économique qu'il imagine d'associer suivant un plan raisonné les trois facteurs de la production, le capital, le travail et le talent, qui non seulement concourront à l'établissement du produit suivant des règles nouvelles, mais qui seront appelés tous les trois à participer aux bénéfices qui pourront résulter de cet établissement, dans des proportions que Fourier détermine d'une façon immuable. « L'ordre civilisé, dit-il, ne sait répartir équitablement que sur le capital, en raison des versements ; c'est un problème d'arithmétique et non de génie ; le nœud gordien du mécanisme sociétaire est l'art de satisfaire chacun sur le travail et le talent. C'est là l'obstacle qui a épouvanté tous les siècles et empêché les recherches (2). » Cet obstacle n'arrête point Fourier, qui, lui, a trouvé moyen de le franchir et de résoudre ce problème de génie. C'est d'abord en établissant une proportion déterminée suivant laquelle 5/12 des bénéfices sont attribués au travail, 4/12 au capital,

(1) Fourier, *Œuvres choisies*, par Gide, p. 51.
(2) Fourier, *Œuvres choisies*, par Gide, p. 189.

et 3/12 au talent (1). Mais ce n'est pas là tout ; ce ne serait là qu'un régime d'organisation de la participation aux bénéfices qui ne réaliserait que partiellement l'idéal de la coopération, si chacun des associés, à quelque titre qu'il participe tout d'abord à l'œuvre commune, n'avait pas l'espoir et le moyen d'arriver à participer aux deux autres titres.

En effet, Fourier comprend que « l'esprit de propriété est le plus fort levier qu'on connaisse pour électriser les civilisés ; on peut, sans exagération, estimer au double produit, le travail du propriétaire comparé au travail servile ou salarié. On en voit chaque jour les preuves de fait : des ouvriers d'une lenteur et d'une maladresse choquantes, lorsqu'ils étaient à gages, deviennent des phénomènes de diligence, dès qu'ils opèrent pour leur compte. On devait donc, pour premier problème d'économie politique, *s'étudier à transformer tous les salariés en propriétaires co-intéressés ou associés* (2). » C'est là l'énonciation du principe même de la coopération ; et d'ailleurs, d'après Fourier, cette transformation s'accomplira d'elle-même et sans qu'on s'en aperçoive ; car Fourier n'est point un révolutionnaire, il n'a point la prétention d'imposer par la force le système qu'il a conçu, il veut que ce système sorte réalisé de la succession des événements ; il ne fait que prévoir l'avenir, il ne veut pas le modifier brusquement.

(1) *Ibid.*, p. 202.
(2) *Ibid.*, p. 200.

Or la transformation de chacun en un propriétaire
co-intéressé, doit nécessairement résulter de ce que
toute propriété tend forcément à devenir mobilière,
tout capital à devenir un capital-action, tous les immeubles à se réduire en effets   biliers (1) circulants, réali-
sables à volonté ; si bien que « les rôles de propriétaire
et de capitaliste deviennent synonymes ». Chacun dès
lors reçoit en actions le montant de ce qu'il apporte
dans l'association en y entrant, ou de ce qu'il peut
épargner petit à petit en y restant, épargnes qui lui sont
d'autant plus faciles que les sommes qu'il gagne ne sont
plus, comme sous l'organisation antérieure, limitées à
un salaire tout juste suffisant pour vivre, mais s'élèvent
à mesure qu'augmente la production elle-même, qui,
d'après Fourier, atteindra sous le régime de l'association
des proportions jusqu'alors inconnues. Ces actions n'auront pas seulement l'avantage de représenter entre les
mains de chacun « une valeur bien plus réelle qu'aujour-
d'hui les domaines et le numéraire », mais encore leur
possession aura ce résultat que « le pauvre, en harmonie,
ne possédât-il qu'une parcelle d'action, qu'un vingtième,
est propriétaire du canton entier en participation ; il peut
dire : nos terres, notre palais, nos châteaux, nos forêts,
nos fabriques, nos usines : tout est sa propriété ; il est
intéressé à tout l'ensemble du mobilier et du territoire ». Si bien que l'entreprise, qui revêtait au début la

(1) *Op. cit.*, p. 197 et suiv.

forme d'une entreprise ordinaire, sous la seule modification que les ouvriers y auraient un droit de participation aux bénéfices, devient par la force même des choses une propriété collective, où chacun des coopérateurs est co-propriétaire du fonds social et participe aux bénéfices, non seulement proportionnellement au travail qu'il a fourni, mais aussi aux capitaux qu'il possède dans l'entreprise. Or c'est là précisément le but que poursuit la coopération de production, et nous verrons au cours de cette étude que certaines entreprises coopératives, notamment *la maison Leclaire*, ont suivi dans leur transformation en entreprise coopérative les stades indiqués par Fourier, passant par la phase de participation aux bénéfices avant d'arriver à être la copropriété des ouvriers qui l'exploitent.

Sans doute, il ne faut pas chercher chez Fourier, comme nous pourrons le faire tout à l'heure chez Buchez, un plan complet, pratique et détaillé de l'association coopérative de production ; et c'est ce qui a fait que la plupart des auteurs qui se sont occupés de ces organisations, et notamment M. Hubert Valleroux, n'ont pas fait remonter jusqu'à Fourier le début du développement coopératif et se sont arrêtés à Buchez, qui le premier s'efforça de réaliser dans la pratique le type qu'il avait conçu. Mais il serait injuste de ne pas accorder au philosophe de Besançon l'honneur d'avoir le premier découvert l'efficacité du principe coopératif, d'en avoir exposé les avantages et prévu le développement. Et d'ailleurs, si les écrivains qui se sont occupés de la coopération ont manifesté en général plus de sympathie pour Buchez que pour Fourier, en revanche, ceux qui font de la coopération une pratique assidue, les directeurs et les gérants de beaucoup d'associations coopératives, tout au moins à Paris, complètement oublieux de Buchez, sont tous unanimes à se réclamer de Fourier, dont les idées vulgarisées par les brochures de ses disciples, ont jeté dans leurs esprits le germe qui devait un jour ou l'autre produire l'association coopérative à laquelle ils appartiennent.

Il faut remarquer, en terminant cet exposé rapide des idées de Fourier, qu'elles se présentent avec une grande modération. Nous verrons en effet, lorsque nous étudierons les essais de coopératives inspirées en 1848 par Buchez, que ces associations ont pour caractéristique de se dresser en révolte contre le capital, et de proclamer que tout prélèvement fait par lui sur les bénéfices est une spoliation et une injustice. Fourier au contraire, non seulement a compris l'importance du capital comme facteur de la production, mais encore la légitimité de la rétribution qui devait lui être assurée. Il a vu que tout le problème consistait à limiter cette rétribution, et à faire du capital un associé, au lieu de le laisser devenir un maître. La rétribution accordée au capital lui paraît légitime et naturelle, quelle que soit la source dont il provienne, sous la seule condition que cette rétribution ne dépasse pas un certain taux, et que le capital ne participe pas par exemple pour plus de 4 1/2 0/0 dans le partage des bénéfices. C'est là aussi le résultat auquel, après une longue évolution et de nombreuses difficultés, sont arrivées tout récemment quelques-unes des plus florissantes des sociétés coopératives de production. Elles ont compris qu'il leur était impossible d'arriver à un large développement, si elles ne pouvaient pas user d'un capital puissant; que, d'autre part, à elles seules, elles étaient impuissantes à se le procurer et qu'il fallait nécessairement qu'elles fissent appel à des capitaux étrangers; mais que, pour cela, il fallait attribuer à ces capitaux certains avantages qui les attirassent à elles, et elles ont admis au profit de ces capitaux un droit *limité* de participation dans leurs bénéfices (1). C'est encore là une considération qui fait voir combien les idées de Fourier prouvent de perspicacité et de clairvoyance et qui témoigne qu'il n'a pas été seulement un rêveur aventureux, mais un économiste très instruit des nécessités du présent et des possibilités de l'avenir.

Les idées de Fourier, difficilement accessibles au public à cause de la forme un peu étrange sous laquelle elles étaient présentées, ont surtout été popularisées par ses disciples qui, dans une série de petites brochures répandues à profusion dans la classe ouvrière par la librairie phalanstérienne, s'efforcèrent de les commenter et de les éclaircir. Nous citerons entre autres

(1) V. notamment *infrà* la société coopérative de peintres *Le travail.*

les *Bases de la politique positive*, *manifeste de l'école sociétaire fondée par Fourier*, brochure dans laquelle Victor Considérant préconise l'association comme solution des difficultés sociales. Bien que ces ouvrages n'agitassent pas directement la question de la constitution des sociétés coopératives de production, et qu'ils eussent la visée plus haute de déterminer « les conditions de l'association des individus, des familles et des classes dans la commune, élément alvéolaire de l'État et de la société (1) », en habituant les esprits à l'idée de l'association, ils n'en eurent pas moins une grande influence sur le développement de l'idée coopérative pour laquelle ils préparaient le terrain.

Il faut signaler d'ailleurs que quelques associations coopératives, mi-agricoles mi-industrielles, se fondèrent conformément aux idées de Fourier. Ce fut notamment le cas de la société agricole et industrielle de Beauregard, aux environs de Lyon, qui fut fondée en 1845 et qui, ayant commencé par être purement agricole, s'adjoignit ensuite une meunerie, une boulangerie, une société alimentaire et entreprit le commerce de la draperie. Elle « visait à constituer un organisme qui contînt autant que possible tous les éléments de la vie communale sous le régime associé » et « se donnait pour tâche de creuser le sillon, de préparer le terrain où l'association à un jour plus ou moins éloigné pourrait germer et se développer (2) ».

(1) Victor Considérant, *op. cit.*, p. 40.
(2) Flottard, *Le mouvement coopératif à Lyon*, p. 60, 68.

C'est là la preuve que les idées de Fourier ont eu sur les débuts du mouvement coopératif une influence directe et que, même à ce point de vue, il convenait de le placer au premier rang parmi les précurseurs et les théoriciens de la production coopérative.

§ 2

Fourier s'était plus d'une fois élevé contre certaines idées qui, malgré quelques différences de détail avec les siennes, offraient cependant avec elles une ressemblance assez frappante (1); c'étaient celles d'Owen. C'est en effet entre 1820 et 1828 que Robert Owen se livrait en Angleterre à ses premiers essais de coopératives et que le bruit de sa renommée commençait à se répandre en Europe, à peu près au même moment où Fourier publiait la 2ᵉ édition de son livre de l'*Association domestique agricole* sous le titre de *Théorie de l'Unité universelle*.

Les reproches que Fourier fait aux idées d'Owen, suffisent à faire sentir la différence entre la coopération que rêvait le philosophe français et celle que pratiquait le philanthrope anglais. Si nous laissons de côté les reproches relatifs à l'excès du nombre des associés (le phalanstère, simple extension de la famille, ne devant pas compter autant de membres qu'un groupement industriel non limité), et ceux relatifs à l'absence d'agri-

____

(1) V. notamment Fourier, *Œuvres choisies*, par Ch. Gide, p. 115 et suiv.

culture, qui d'après Fourier, doit être la principale occupation des groupes associés, toutes les critiques de Fourier se ramènent à une seule : c'est qu'Owen s'est trompé en voulant fonder ses associations sur une base égalitaire et communiste. Pour Fourier, en effet, « le régime sociétaire est aussi incompatible avec l'égalité de fortunes qu'avec l'uniformité de caractères ; il veut en tous sens l'échelle progressive, la plus grande variété de fonctions et surtout l'assemblage des contrastes extrêmes ». C'est ainsi qu'il reproche vivement à Owen d'interdire au chef de son association toute participation aux bénéfices, car cela supprimant le ressort de l'intérêt individuel, doit avoir nécessairement pour résultat de frapper de mort l'association. Pour Fourier, au lieu de chercher à développer l'esprit de communauté au sein de l'association, il faut au contraire chercher à exciter l'intérêt individuel et l'esprit de propriété ; c'est par « les impulsions cupides bien dirigées, qu'on arrivera à établir l'harmonie ».

En résumé, d'un côté, le système de Fourier présente, ainsi que l'a remarqué M. Gide (1), un caractère essentiellement « bourgeois », en ce sens qu'il a surtout pour but de rendre les riches plus riches et pour moyen l'appât des gros dividendes qu'il fait espérer, tandis qu'à l'opposé, le système d'Owen se présente avec un caractère entièrement communiste que ne doit venir troubler le souci d'aucun intérêt personnel.

____

(1) *Introduction aux Œuvres choisies de Fourier*, p. XXII.

D'autre part, si Fourier fut surtout un théoricien laissant à d'autres le soin de dresser l'édifice dont il avait établi les plans, Robert Owen fut avant tout un homme d'action, et vécut dans la réalité beaucoup plus que dans les livres. Industriel et directeur d'une importante filature de coton à New-Lamarck près de Glasgow, il avait vu de près la misère de la classe des travailleurs, et il avait entrepris d'y porter remède et d'améliorer la situation matérielle et morale de ses ouvriers. Mais il s'aperçut bien vite que, quelles que fussent les mesures de détail que l'on pût prendre, quelles que fussent les lois que l'on pût voter, — comme celle des *factory acts* dont il avait été l'initiateur, et qui limitaient le travail des enfants dans les manufactures, — ce n'étaient là que des palliatifs insuffisants et que le mal était plus qu'un malaise transitoire pouvant être guéri par des remèdes spéciaux, qu'il avait pour cause et pour origine l'organisation industrielle de la société moderne. En effet, l'évolution de l'industrie, le développement des machines, la concentration croissante des capitaux, ont amené une dissociation entre les différents éléments dont se compose la société. Les intérêts des différents producteurs étant en conflit, les abus de la concurrence avaient amené forcément la dépréciation constante et progressive de la main-d'œuvre et du prix du travail. En face d'un mal aussi général, les efforts des individus devaient nécessairement rester vains ; d'autre part, les pouvoirs publics se désintéressaient de la question, et eussent peut-

être été impuissants, eux aussi, à enrayer un mal dont
ils ne pouvaient pas supprimer les causes ; et c'est ainsi
qu'Owen se trouva amené à penser que les ouvriers devaient chercher leur salut en eux-mêmes, et dans des
organisations dont ils prendraient l'initiative en dehors
de l'État.Ces organisations, ce sont justement les associations coopératives (1). L'idée maîtresse qui a do-
miné Owen dans la conception de ces organisations,c'est
que les souffrances des ouvriers proviennent de ce que,
par suite du développement industriel, l'influence du
capital dans la production est sans cesse allée en gran-
dissant (2), si bien que les capitalistes sont devenus les
maîtres absolus du marché, qu'ils en ont profité pour
prélever sur le profit une part de plus en plus élevée et
réduire chaque jour davantage les autres partageants
à une part de plus en plus faible, jusqu'à ce qu'ils en
fussent arrivés à les restreindre au plus strict minimum.
D'un autre côté, malgré l'abaissement des salaires, le
prix des subsistances est allé sans cesse en croissant
au profit des capitalistes et au détriment de la classe
ouvrière.

Pour que les ouvriers puissent se défendre, il faut
qu'ils arrivent à se procurer le capital, instrument
indispensable de la production, sans le demander au
capitaliste, qui prélève sans y avoir droit *la part du lion*.
Le seul moyen, c'est pour les ouvriers de s'associer afin

(1) V. Métin, *Le socialisme en Angleterre*, p. 47.
(2) Voir *suprà*, notre Introduction.

de constituer un fonds de roulement et d'acheter des machines ; ils deviendront ainsi les maîtres absolus de leur industrie n'ayant plus à subir le prélèvement injuste et injustifié du capitaliste.

D'autre part, en face des producteurs unis se dresseront également de fortes associations de consommateurs, unis pour supprimer les intermédiaires entre eux et les producteurs.

Ainsi seulement, d'après Owen, on pourra remédier à l'anarchie économique qu'il avait constatée et guérir les crises de surproduction qui déjà à son époque affligeaient à intervalles réguliers l'industrie anglaise.

Mais les idées d'Owen vont plus loin : non seulement les associations qu'il préconise seront un remède efficace aux maux dont souffrait son pays, mais elles se multiplieront et couvriront bientôt la terre entière d'un réseau serré sous lequel disparaîtra complètement l'ancienne organisation de la propriété individuelle et cette propriété elle-même ; avec elle disparaîtront naturellement ses succédanés, le profit du capital et la rente du sol. Le capital lui-même, non seulement n'appartiendra plus aux particuliers, mais il n'appartiendra même pas à chaque association considérée isolément ; il sera la propriété de la collectivité tout entière, au profit de laquelle il constituera un fonds inaliénable et imprescriptible.

Telles sont les idées d'Owen en ce qui concerne le principe et les effets de la coopération. Chez lui, comme tout à l'heure chez Fourier, comme bientôt chez Buchez, la coopération apparaît comme un moyen de régénération sociale, destiné à transformer la face du monde. Mais la transformation rêvée par Owen est plus radicale encore que celle imaginée par Fourier. Au sein du phalanstère, si tous vivent en commun, chacun possède en particulier, chacun est propriétaire à titre individuel de la part qu'il a apportée dans l'entreprise et qui lui est reversée sous forme d'actions ; tandis que dans la coopération d'Owen, tout intérêt individuel disparaît ; l'égalité la plus rigoureuse, la communauté la plus complète régneront entre des associés qui auront émondé de leurs cœurs toutes les passions et tous les désirs. Rêve généreux, auquel la réalité devait vite se charger de donner le plus éclatant des démentis.

En effet, tandis que Fourier laissait à d'autres le soin d'appliquer ses idées, et qu'il se contentait, ainsi que le rapporte M. Gide, de rentrer chez lui tous les jours à midi, heure à laquelle il avait donné rendez-vous aux capitalistes qui voudraient expérimenter son système, Owen au contraire se livrait à de nombreuses expériences qui devaient venir à l'appui de ses théories. Il fonde en 1823 une communauté agricole en Irlande. En 1825 il établit sur les confins de l'Illinois la colonie connue sous le nom de New-Harmony qui devait aboutir à un échec complet en 1828. Ces essais devaient être suivis de beaucoup d'autres. En effet, Owen ou ses disciples organisèrent aux États-Unis jusqu'à 11 colonies du même genre. Mais quelques-unes ne durèrent pas même trois mois ; la plus prospère, celle de New-Harmony, dura pendant à peu près trois ans ; aucune ne dépassa ce terme.

Chacune de ces colonies devait être constituée par un village, contenant de 2 à 3000 individus travaillant dans des manufactures appartenant à la communauté. Cette agglomération devait se suffire à peu près à elle-même, et produire directement les objets les plus nécessaires ; quant au surplus, elle se le serait procuré par des échanges faits avec les autres groupes voisins, échanges faits en nature, car le numéraire devait être supprimé.

En ce qui concerne la répartition au sein de ce groupe, non seulement d'après les idées générales d'Owen, le capital n'a droit à aucun prélèvement, mais même le talent ne donne lieu à aucun bénéfice spécial pour celui qui a le bonheur de le posséder. Owen estime en effet que le caractère de l'homme est un effet de l'hérédité et des circonstances, et que personne de nous n'est responsable de ses qualités ou de ses défauts ; toute la responsabilité devant être rejetée sur la société qui nous a formés. Dans ces conditions, il est bien certain que l'intelligence et l'activité ne sont pas plus méritoires que la paresse ou la sottise, et qu'il n'y a aucune raison pour que l'une soit mieux rémunérée que l'autre. Si cette théorie peut avoir quelque chose de choquant au premier abord, il faut ajouter qu'Owen croit que la

transformation du milieu opérée par les bienfaitsde la
coopération, amènera forcément une transformation
des hommes et que, chacun étant soumis aux mêmes
influences, au lieu de la diversité qui règne avec l'organisation actuelle, tout sera égalisé et que toutes
les différences d'aptitude qui séparent les hommes à
l'époque actuelle, seront effacées. Si bien que chacun
pourra être employé indifféremment à telle ou telle attribution qui lui sera désignée par la collectivité. Le peu
de durée des fondations coopératives d'Owen ne lui permit point et ne nous permet pas non plus de vérifier
l'exactitude de ses théories sur ce point.

Ses échecs d'Amérique lui montrèrent que peut-être
d'ailleurs il avait été trop loin. Il revint en Angleterre
et il tenta un nouvel essai, avec cette différence toutefois qu'il reconnut à chacun des associé u droit particulier à une part dans le capital ; l'entreprise échoua
encore.

Il s'efforça alors de préparer les esprits à la coopération, en fondant des sociétés coopératives de consommation qui, depuis, ont eu un si grand succès en Angleterre, mais qui, dans l'esprit du principal de leurs
instigateurs, avaient uniquement pour but de préparer
l'avenir à l'avènement des associations coopératives de
production.

Les idées d'Owen eurent d'ailleurs, malgré l'échec
de ses tentatives de réalisation, un grand retentissement
tout au moins en Angleterre, et c'est à juste titre que

son nom demeure attaché à l'histoire du développement de la coopération.

§ 3

Après avoir vu chez Fourier les idées coopératives sortir de la source d'un socialisme associationniste, après les avoir suivies chez Owen où elles revêtent la forme d'un communisme matérialiste, nous arrivons avec Buchez à une dernière forme qui tout en lui appartenant en propre, a néanmoins quelques traits communs avec chacune des deux autres théories.

L'association de Fourier était « religieuse par passion, par conviction de la haute sagesse de Dieu, dont elle recueillera à chaque instant les bienfaits (1) ». De même chez Buchez, elle revêtira avant tout une forme mystique. Disciple de Saint-Simon, Buchez avait rêvé de réconcilier la Révolution et l'Église par le moyen de l'association. Et l'utilité de l'association pour lui, réside moins dans les bénéfices matériels qu'elle produit que dans ce qu'elle nécessite un exercice incessant du plus noble des penchants humains, qu'on a nommé depuis l'altruisme, le sentiment que personne n'est ici-bas pour lui-même et que chacun doit travailler, en faisant son propre bonheur, à faire en même temps le bonheur d'autrui. C'est donc au nom de la solidarité humaine que Buchez prêche l'association.

(1) Fourier, *Œuvres choisies*, p. 118.

Mais, mystique dans son principe, l'association qu'il préconise se sépare beaucoup dans la pratique de celle de Fourier et se rapproche bien davantage de celle que nous avons rencontrée chez Owen. Pour tous les deux en effet, la cause du mal dont souffre la classe ouvrière est dans le prélèvement opéré sans droit par les capitalistes sur le profit. Buchez veut supprimer ce prélèvement, et pour cela constituer un capital qui ne soit pas rémunéré. Le seul moyen, c'est de créer des associations qui consentent à renoncer à tout bénéfice individuel et qui formeront ce capital par les économies que réaliseront leurs membres. Le capital ainsi constitué n'appartiendra pas par fractions à chacun des ouvriers pris individuellement, il devra être la propriété de l'association elle-même. C'est là pour Buchez le précepte capital. Et c'est là surtout ce sur quoi il insistait en essayant à partir de 1831 d'amener les ouvriers à s'associer, par les articles qu'il publiait dans son *Journal des Sciences morales et politiques* devenu depuis l'*Européen* : « Une somme équivalente à celle que les entrepreneurs intermédiaires prélèvent sur chaque journée serait, disait-il, réservée. A la fin de l'année, cette somme formant le bénéfice net serait partagée en deux parties, savoir : 20 0/0 seraient pris pour former et accroître le capital social ; le reste serait employé en secours ou distribué entre les associés au prorata de leur travail. »

Le capital social formé ainsi chaque année du cinquième « serait inaliénable ; il appartiendrait à l'association qui serait déclarée indissoluble, non point parce que les individus ne pourraient s'en détacher, mais parce que cette société serait rendue perpétuelle par l'admission de nouveaux membres (1) ».

La fondation et l'accroissement de ce capital social inaliénable et indivisible, c'est pour Buchez le fait capital qui doit assurer à la classe ouvrière un meilleur avenir.

En effet, dans les idées de Buchez, lorsque les associations ouvrières se seront multipliées, ce qui ne peut manquer d'arriver à cause des avantages de toute nature qu'un tel genre d'association offre à ses membres, la constitution de ce capital social au sein de chaque société sera le moyen de faire passer peu à peu tout le capital entre les mains de la classe ouvrière, et de le mettre ainsi gratuitement à sa disposition en affranchissant cette classe du poids qui, avec l'organisation actuelle de l'industrie, pèse si lourdement sur elle.

Mais, c'est là le but lointain, et, à côté de cet idéal, l'association ouvrière de Buchez présente aussi une utilité immédiate et pratique. En premier lieu, les ouvriers étant eux-mêmes propriétaires du capital, il devait résulter nécessairement de ce mode de production une augmentation de salaire. En outre, toutes ces associations reposant sur le même fondement de solidarité, il était posé en principe que la partie des bénéfices qui

(1) Cité par Hubert Valleroux, *Les associations coopératives en France et à l'étranger*, p. 4 et 5.

n'était pas employée à constituer le capital indivisible, était destinée à procurer « l'éducation commune aux enfants, des secours aux veuves, aux orphelins, aux vieillards, de telle sorte qu'une fois admis dans l'association, l'ouvrier pouvait être assuré d'y trouver par son travail, sécurité pour son avenir et pour celui de sa famille ».

Les idées de Buchez eurent une influence considérable sur le développement de la coopération. Ce fut Buchez en effet qui fonda la première des associations coopératives, celle des *ouvriers menuisiers*, organisée en 1831, et qui n'eut d'ailleurs qu'une existence éphémère. Ce fut aussi sous l'influence directe de ses idées que s'organisa en 1834 l'association des *ouvriers bijoutiers en doré*, qui existe encore à l'heure actuelle. Et c'est à Buchez que l'on peut faire remonter l'origine de tout le mouvement coopératif qui s'opéra en 1848.

Il est le premier des précurseurs de la coopération dont les idées n'aient pas abouti à un échec complet, et aient, malgré les transformations que devaient nécessairement leur faire subir les nécessités de la pratique, supporté sans y succomber l'épreuve de la réalisation. Sans doute, les sociétés qu'il avaient fondées ne répondirent pas complètement aux attentes qu'il en avait fait espérer ; et quelques-unes, comme la société des *ouvriers bijoutiers en doré*, au lieu de modifier profondément l'état de choses antérieurement existant, ne tardèrent pas à se transformer en une simple société de petits patrons ; mais ce n'en était pas moins la preuve, et cette fois, la preuve définitive, que les ouvriers pouvaient avec leurs seules forces, grâce à l'association, arriver à prendre une place dans l'organisation industrielle en dehors des capitalistes et étaient capables de produire pour leur propre compte.

§ 4

Fourier, Owen, Buchez, tels sont les trois noms qui doivent être inscrits en tête de toute étude sur la production coopérative. Sans doute peut-on trouver, parmi leurs contemporains, et à l'époque même où se manifestent les premiers symptômes de développement coopératif, d'autres écrivains, d'autres philosophes, qui ont fait dans leurs théories une part plus ou moins large à la coopération, et il serait injuste de passer complètement sous silence des noms comme ceux de Leroux, de Cabet, de Louis Blanc. Peut-être même devrait-on faire une place particulière à Louis Blanc et à ses *ateliers sociaux*, qui constituent une forme particulière de l'organisation industrielle se rapprochant par beaucoup de points de l'organisation coopérative (1).

Les caractères dominants sont l'égalité absolue entre tous ceux qui participent au travail, sans distinction en faveur du talent ou de la force ; idée que nous avons

______

(1) Voir Gide, Associations coopératives de production, *Revue d'Ec. pol.*, janvier 1900, p. 3, note 1.

déjà rencontrée chez Owen ; en second lieu l'influence prépondérante accordée à l'État qui édicte pour ces ateliers des statuts ayant force de loi. C'est là un point sur lequel il se sépare des trois théoriciens que nous avons étudiés et qui, eux, faisaient appel exclusivement à l'initiative individuelle en dehors de toute ingérence de l'État.

Dans les *ateliers sociaux*, le capital touche un intérêt, mais ne participe pas aux bénéfices, et chacun des associés est libre de disposer comme il l'entend des produits de son travail qui lui appartiennent en toute propriété.

Mais chacun des *ateliers sociaux* doit nécessairement consacrer une partie de ses bénéfices, d'un côté à alléger les crises qui pèsent sur d'autres industries, de l'autre à secourir les vieillards ou les malades de l'industrie à laquelle ils appartiennent.

Le caractère coopératif des *ateliers sociaux* résulte de ce fait que la totalité des profits est en définitive, et sauf le prélèvement d'un intérêt minime pour le capital, attribuée aux travailleurs qui ont aussi une part effective dans la direction, puisqu'ils sont appelés, sous le contrôle de l'État, à élire leurs chefs.

Quelle qu'ait été l'influence des idées de Louis Blanc et quelques services qu'elles aient rendus à la cause de l'association, elles ne peuvent être considérées cependant comme ayant la même importance que celles de Fourier, d'Owen ou de Buchez. Elles ne font guère que reprendre sous une forme un peu différente des idées déjà en faveur, elles ne créent pas un courant d'idées nouvelles.

.·.

Ce qu'il faut surtout remarquer chez les différents écrivains dont nous venons d'exposer rapidement les systèmes, c'est que chez tous, l'association coopérative, est toujours présentée comme une solution générale, un remède radical aux maux dont souffre la société moderne. Elle n'apparaît pas comme un expédient transitoire ni comme une forme spéciale pouvant donner lieu à certaines applications sur des points déterminés de l'organisation industrielle : organisme parfait, elle est destinée à répondre à tous les besoins, à donner satisfaction à toutes les nécessités ; elle doit, par son apparition et son développement, transformer le monde et l'industrie. Que ce soit le phalanstère de Fourier, la colonie d'Owen, ou l'association ouvrière de Buchez, elle leur apparaît à chacun comme devant rapidement se substituer à toutes les formes de production antérieurement existantes, et réaliser une société idéale où l'harmonie et le bonheur remplaceront l'anarchie et la souffrance. C'est ce qui a fait souvent prononcer à l'endroit de ces idées le mot d'utopie.

Mais il ne faut pas perdre de vue que, sous ces rêves lointains, se trouve la conception d'une organisation parfaitement réalisable et tout à fait pratique, et que, dans chacune des organisations coopératives que nous aurons l'occasion de décrire, nous pourrons retrouver l'application de quelques-unes des idées que Fourier, Owen ou Buchez avaient exprimées, et auxquelles les coopératives n'ont jamais cessé de rester fidèlement attachées.

Il était nécessaire, avant d'entrer dans l'étude pratique des diverses formes qu'a revêtues la production coopérative, de rappeler ainsi quels avaient été ses créateurs. Car les formes qu'a revêtues la coopération au XIX⁰ siècle n'ont point été le résultat d'une longue évolution et l'aboutissant d'une série de transformations successives : sans doute elles sont apparues au moment où elles devenaient nécessaires par suite des transformations du milieu industriel, et peuvent, par ce côté, être considérées comme ayant été le résultat de l'évolution : mais il appartient uniquement aux penseurs et aux théoriciens, d'avoir su dégager des faits, les besoins réels que ressentait la Société et de lui avoir donné la conscience plus complète des maux dont elle souffrait, et en même temps, et surtout, d'avoir apporté comme remède, une organisation qui ne comptait point d'ancêtres directs parmi les organisations du passé, mais qu'ils avaient créée de toutes pièces et qui devait désormais constituer au sein de la société, une forme complètement nouvelle de la vie sociale.

CHAPITRE II

LE DÉVELOPPEMENT DE LA PRODUCTION COOPÉRATIVE DEPUIS 1848 JUSQU'A L'ÉPOQUE ACTUELLE.

Après avoir vu comment les théoriciens avaient entendu la coopération, et ce qu'ils avaient voulu en faire, et avant d'arriver à l'étude des déformations successives qu'ont subies leurs idées en passant dans le domaine du fait et de l'application, et les types principaux qui en sont résultés, il est nécessaire de parcourir rapidement et d'une façon générale l'histoire assez courte d'ailleurs de la production coopérative et d'examiner les diverses phases qui ont marqué son développement.

C'est, nous l'avons vu, sous l'influence directe de Buchez et par application de ses idées que se fondèrent les premières associations coopératives de production.

Il y a dans la période qui s'étend de 1831 à 1848, une période en quelque sorte préparatoire au premier grand mouvement coopératif qui devait prendre naissance à la dernière de ces deux dates.

Des deux associations dont la fondation caractérise cette première période, l'une, celle des *ouvriers menuisiers* fondée en 1831, n'a jamais sérieusement fonctionné, l'autre, celle des *ouvriers bijoutiers en doré* fondée en 1834, n'a survécu que grâce aux modifications qu'elle a fait subir aux principes qui l'avaient inspirée.

La première représentait l'application intégrale des idées de Buchez. Les ouvriers du métier étaient admis dans l'association sans autre apport que leurs outils. L'association était dirigée par un comité de 5 membres élus par tous les associés et qui devait être renouvelé chaque année. L'association était perpétuelle, le fonds social inaliénable et indivisible et devait s'augmenter indéfiniment par le prélèvement d'une part considérable sur les bénéfices. Les statuts prenaient d'ailleurs la précaution de stipuler qu'ils étaient faits une fois pour toutes, et qu'après qu'ils auraient été adoptés, la forme n'en pourrait plus être modifiée que par une loi. Ces statuts, publiés par le journal l'*Européen* que dirigeait Buchez, dans le numéro du 14 juillet 1832, furent d'ailleurs la seule chose qui ait jamais existé de cette société.

La société des *ouvriers bijoutiers en doré* a, au contraire, une histoire beaucoup plus longue, et que nous ne suivrons pas dans tous ses détails (1). Elle avait été fondée par un ouvrier bijoutier, séduit par la lecture des écrits de Buchez, avec trois de ses camarades et un capital de 200 francs. L'association avait revêtu la forme d'une société en nom collectif, dans laquelle chaque associé était tenu de constituer un apport fixe, par

(1) Sur ce point. M. Hubert Valleroux, *Associations coopératives en France et à l'étranger*, p. 9 et suiv.

l'abandon de ses bénéfices et au besoin par une retenue sur son salaire. Le capital social, une fois ainsi constitué par les apports des associés, était constamment accru par un prélèvement annuel de 1/7 des bénéfices. Il était indivisible et inaliénable ; aucun des associés, en cas de dissolution de la société, ne pouvait en réclamer le partage, et il devait être remis à l'autorité municipale pour être employé par elle, en œuvres de bienfaisance.

Cette association prospéra rapidement. Elle compta bientôt 13 membres et acquit en quelques années une très grande réputation par suite de la qualité de ses produits.

On peut citer encore dans cette même période de 1831 à 1848 quelques autres associations du même genre, telles que celle des *rubanniers de St-Etienne* (1841), des *ouvriers imprimeurs de l'imprimerie Lacrampe* ou de *l'imprimerie François et Cie* ; mais durant cette période, les exemples d'associations coopératives de production se présentent encore à l'état isolé, les associations sont sans lien entre elles, et l'on ne peut dire que leur apparition constitue, à proprement parler, un mouvement coopératif.

.·.

C'est seulement à partir de 1848 que ce mouvement devait commencer à se dessiner. En effet, à cette époque, les idées coopératives avaient été activement propagées, d'abord par le journal *l'Atelier* fondé par les disciples de Buchez, par la *Phalange* qui s'inspirait des idées de Fourier, enfin par certains des hommes politiques les plus en vue au moment, comme Louis Blanc. En outre les quelques essais qui en avaient été tentés et qui avaient réussi, avaient attiré sur elles l'attention des ouvriers. Aussi en 1848, l'un des premiers effets de la liberté qui se trouve subitement accordée à la classe ouvrière, est-il de susciter de toute part la création de nombreuses sociétés coopératives de production. Le gouvernement était d'ailleurs très favorable à ce mouvement et lui manifesta sa sympathie par tous les moyens en son pouvoir, et notamment par l'attribution qui fut faite aux sociétés ouvrières d'une subvention de 3 millions destinée à faire des prêts aux coopératives, et par les facilités qui leur furent accordées pour prendre part à l'exécution des travaux publics.

Le résultat de cette protection ne se fit pas attendre, et moins d'un an après le vote du crédit de 3 millions, certaines estimations portaient le nombre des sociétés coopératives dont ces événements auraient suscité la création à 120, comprenant 500.000 membres. C'est là un chiffre certainement exagéré. M. Reybaud, qui était plutôt hostile au développement des associations ouvrières, estimait seulement à 20 le nombre de ces sociétés qui réunissaient les conditions indispensables pour réussir. On peut établir une moyenne entre ces deux chiffres, pour avoir une idée approximative du nombre des sociétés de coopération en 1848. Ce résultat trouve d'ailleurs sa confirmation dans les renseignements qui ont été officiellement fournis sur le nombre des associations ayant participé au prêt de 3 millions : elles furent au nombre de 61, dont 32 pour Paris et 29 pour la province. C'est là un résultat considérable, si l'on tient compte de ceci qu'il s'agissait d'une expérience entièrement nouvelle et d'une forme d'organisation à laquelle rien ou presque rien jusqu'alors n'avait pu préparer la classe ouvrière.

Sans doute, plusieurs de ces sociétés n'eurent qu'une existence éphémère et disparurent aussi rapidement qu'elles étaient nées, mais quelques-unes prospérèrent, et certaines, que nous retrouverons au cours de cette étude, existent encore à l'heure actuelle. Cela suffit pour qu'on puisse dire d'une façon certaine que l'élan donné par la République de 1848 n'avait pas été complètement vain et que ce mouvement lui-même n'avait pas été entièrement fictif.

Une autre preuve des mêmes faits résulte encore de ceci que le mouvement ne se borna pas à Paris, mais que de nombreuses associations appelées moins directement à profiter des faveurs du gouvernement, et moins directement aussi sous son influence, se fondèrent en province et que Lyon, par exemple, devint un centre coopératif extrêmement actif (1).

(1) Voir Flottard, *Le mouvement coopératif à Lyon.*

Le trait dominant des associations coopératives de cette époque, c'est leur caractère philanthropique et humanitaire. On est encore tout près des théoriciens de la coopération et directement sous l'influence de leurs idées. D'autre part on vient à peine de sortir des secousses de la révolution de 1848, qui avait fait naître dans le cœur de tous un immense espoir de fraternité et de rénovation sociale. Aussi, chacun s'efforce pour son compte de réaliser l'idéal qu'il s'était formé en ces jours d'ivresse, et les coopérateurs se font remarquer entre tous par la façon dont ils mettent en pratique les idées de solidarité et de fraternité. Cela ne les empêche pas, d'ailleurs, de s'imposer à eux-mêmes les règles d'une discipline sévère, nécessaire pour assurer le succès de toute entreprise. Comme le disait un des membres de l'une de ces associations : « La fraternité n'exige pas le sacrifice du bon au mauvais, du courageux au paresseux ». Et, en conséquence, ils établissent des règlements intérieurs d'atelier extrêmement rigoureux, où la moindre faute est prévue et sévèrement punie, et ils font servir la répression des fautes à l'amélioration du sort de ceux qui souffrent ; toutes les amendes, souvent même des prélèvements faits directement sur les bénéfices, sont versés dans un fonds commun de secours, soit en faveur des individus, soit en faveur des associations similaires dont les affaires ne sont pas en voie de prospérité.

C'étaient là plus de qualités qu'il n'en eût fallu pour

que les associations coopératives continuassent à prospérer; elles ne purent cependant pas empêcher une décadence extrêmement rapide de ce premier mouvement coopératif. Les faveurs du gouvernement avaient hâté le développement des coopératives, la disparition de ces faveurs devait précipiter leur ruine.

Les dispositions du pouvoir à l'égard des associations coopératives se modifièrent en effet du tout au tout.

La loi du 15 mai 1850 força les travailleurs associés à payer chacun 1/20 du droit fixe de patente auquel la coopérative était imposée, l'associé principal payant déjà, comme représentant, la totalité du droit fixe et du droit proportionnel.

A la même époque, les délégués des associations ouvrières qui avaient voulu constituer une fédération, furent arrêtés comme membres d'une société secrète et condamnés en cette qualité par le jury de la Seine, le 14 novembre 1850.

Ces événements marquèrent la fin de la première période de prospérité des associations coopératives.

Le coup d'État devait faire rentrer dans le néant cette institution qui venait à peine de voir le jour. On peut dire d'une façon générale que presque toutes les associations coopératives d'ouvriers disparurent(1). Si quelques-unes, comme celle des *ouvriers tailleurs de limes*, des *ouvriers facteurs de pianos* réussirent à franchir

(1) V. Gide, *Rec. d'Ec. pol.*, janvier 1900, p. 3.

cette période difficile, ce fut parce qu'elles arrivèrent à dissimuler complètement leur nature d'association ouvrière sous la forme de société en nom collectif à forme patronale. Mais toutes les autres furent supprimées, la plupart d'une façon violente. C'est ainsi qu'à Lyon toutes les sociétés ouvrières furent dissoutes par un décret du ma   éral de Castellane, gouverneur, ainsi conçu : « Art. 1ᵉʳ. Les sociétés fraternelles (c'est-à-dire les associations ouvrières) sont dissoutes, et il sera procédé à leur liquidation. Art. 2. Cette liquidation aura lieu en présence du commissaire de police. » Tout le matériel des sociétés fut vendu et les scellés apposés sur leurs locaux. Le gouvernement ne pouvait en effet regarder favorablement des associations ouvrières, sous lesquelles il croyait toujours voir se dissimuler des sociétés secrètes.

Sans doute des mesures aussi radicales n'eurent pas un plein et entier effet, et à Lyon même où elles avaient été appliquées avec le plus de rigueur, on vit quelques-unes de ces sociétés réapparaître au lendemain de la mesure qui les avait dissoutes. C'est ainsi que la *Société industrielle et commerciale de Beauregard*, dissoute en 1851, se releva en 1852 (1). En outre, l'idée d'association persiste chez beaucoup d'ouvriers. En 1856, on trouve deux associations de tisseurs à Villefranche (2). A la même époque se fonda une association de tailleurs

(1) Flottard, *op. cit.*, p. 75 et ss.
(2) Hubert Valleroux, *op. cit.*, p. 114.

à Toulouse, en 1858, une association de menuisiers à Paris ; à Paris encore, en 1859, une association de peintres en bâtiments. Des peintres s'associent également à Marseille en 1860, à Montpellier en 1862. Mais, malgré ces exceptions, il est vrai de dire que la période de 1852 à 1863 correspond à une disparition complète de l'organisation coopérative. En 1862, il ne restait plus que trois des associations qui avaient participé en 1848 au prêt de trois millions.

∴

Il faut arriver jusqu'en 1863 pour trouver le commencement d'une nouvelle phase du mouvement coopératif.

On remarque, en effet, lorsqu'on étudie la coopération, que son développement n'a pas lieu d'une façon continue et régulière, mais qu'il procède par poussées successives, une période d'expansion étant immédiatement suivie d'une période de dépression.

Cela tient à ce que la coopération n'a pas encore des racines assez profondes pour vivre par elle-même d'une vie pleine et complète. Elle a besoin d'une culture spéciale ; il faut pour qu'elle se développe, que le milieu, les circonstances, la température, pourrait-on dire, lui soient favorables. Elle pousse brusquement de nombreux rameaux, lorsque l'État lui assure des soins et une protection spéciale ; elle se dessèche, au contraire, s'il l'abandonne à elle-même.

Or l'année 1863 marque justement le début d'une nouvelle période de protection gouvernementale pour la classe ouvrière en général et pour les associations coopératives de production en particulier.

En effet, les ouvriers, que, jusqu'à cette époque, l'empire s'était toujours efforcé de séparer et de diviser, obtiennent la permission de se grouper. Les premiers prodromes de cette réforme furent les réunions autorisées entre les ouvriers, à l'effet d'élire des délégués à la seconde Exposition universelle de Londres. Cette tolérance aboutit bientôt à la loi du 25 mai 1864, proclamant la liberté des coalitions.

Dès que les ouvriers purent entrer en contact, les souvenirs qu'avait laissés dans leurs esprits le développement des coopératives en 1848, se réveillèrent et l'idée reprit une nouvelle vigueur. Elle devait en outre trouver un appui très puissant dans la faveur avec laquelle les classes libérales regardaient à ce moment les associations coopératives, qu'elles considéraient uniquement comme un palliatif efficace des misères de la classe ouvrière et un moyen de donner une satisfaction aux plus pressantes des revendications populaires.

Ce qui caractérise cette seconde phase du développement coopératif, c'est qu'on se préoccupe avant tout de favoriser la naissance des associations coopératives en facilitant la constitution de leur capital social par des organisations de crédit appropriées ; c'est la période des *banques coopératives*. En 1863 sont fondées la banque du *Crédit au travail* et la *Caisse d'escompte des associations populaires* (1).

D'autre part, des groupes, où se réunissent des hommes tels que M. Odilon-Barrot, le duc d'Audiffret-Pasquier, le duc d'Haussonville, Casimir Périer, Léon Say, Jules Simon, se forment pour favoriser la propagation des associations fondées sur la mutualité et la solidarité et solliciter en leur faveur l'intervention du gouvernement.

Celui-ci ne devait pas rester sourd à leur appel. Tout d'abord il résolut de s'éclairer sur le compte des associations coopératives et il fit procéder en 1866 à une enquête. 43 déposants furent entendus, parmi lesquels la moitié à peu près étaient des gérants de sociétés coopératives qui vinrent défendre l'institution à laquelle ils appartenaient ; d'autres, tels que M. Cernuschi, l'auteur de l'*Illusion coopérative*, que l'expérience qu'il avait faite de la coopération avec sa boucherie avait désillusionné, se montrèrent au contraire des adversaires violents des associations de cette nature. Néanmoins les résultats de l'enquête furent favorables aux coopérateurs. Le gouvernement décida alors

---

(1) Sur les tendances diverses que représentent ces deux institutions de crédit, la première représentant le coopératisme socialiste continuateur de celui de 1848, c'est-à-dire visant à l'abolition du salariat, la seconde le coopératisme qu'on pourrait appeler bourgeois, c'est-à-dire se donnant pour but l'épargne et l'acquisition de la propriété. V. Gide, *Rev. d'Éc. pol.*, janvier 1900, p. 4.

de favoriser l'expansion de la coopération et il fonda à cet effet la *Banque des associations coopératives.*

Pour cette organisation nouvelle, il fallait un régime légal nouveau et un projet de loi fut déposé en 1865 à cet effet. Il visait uniquement les sociétés coopératives qu'il définissait et dont il fixait les types. Ce projet, combattu par les associations ouvrières elles-mêmes, céda la place à un autre qui devint la loi de 1867 sur les sociétés, loi dont un titre concerne les sociétés à capital variable, qui ne sont autres que les sociétés coopératives.

A la fin de 1868, une statistique dressée par le *Crédit au travail* estimait à 93 le nombre total des sociétés coopératives de production existant à cette époque, soit 44 à Paris, 21 à Lyon et 28 dans le reste de la province et de l'Algérie.

Un des signes caractéristiques des sociétés coopératives de cette seconde période, c'est que, alors que les sociétés coopératives de la période de 1848 à 1852, avaient surtout revêtu la forme de sociétés en nom collectif, celles de 1863 à 1867 prennent surtout la forme de sociétés en commandite. Après 1867, elles prendront surtout la forme de sociétés anonymes.

Encore une fois, à cette période d'expansion succéda bientôt une période de dépression brusque et le mouvement coopératif commencé en 1862 s'éteignit presque complètement en 1868 comme celui de 1848 avait cessé en 1852.

A la fin de l'année 1868, le *Crédit au travail* sombra par suite de la façon imprudente dont il s'était engagé; sa chute fut bientôt suivie de celle de la *Caisse d'escompte des associations populaires*. A leur suite disparurent presque toutes les sociétés auxquelles ces banques avaient prêté leur appui. La guerre de 1870-71 amena la disparition définitive du second mouvement coopératif.

Sans doute, comme après 1852, on trouve encore, même pendant la période de 1870-71, quelques associations isolées. C'est ainsi qu'une association ouvrière se chargea, pendant le siège de Paris, de confectionner les vêtements nécessaires aux troupes. Mais on ne peut trouver ainsi que des exemples isolés, des associations sans aucun lien entre elles ; il y a encore des coopératives de production, il n'y a plus de mouvement coopératif.

* *

Il va falloir arriver jusqu'à l'année 1881 pour trouver le commencement d'une 3ᵉ période de ce mouvement.

Avant 1881, on s'était bien encore occupé de la coopérative de production, mais d'une façon plus théorique que pratique. Les différents congrès ouvriers, jusqu'en 1879, tout au moins, avaient voté des résolutions en faveur de la coopération qu'ils jugeaient destinée à faire disparaître le salariat. C'est ce qui fut fait au congrès de Paris en 1876, au congrès de Lyon en 1878. Sans doute, à partir du congrès de Marseille, en 1879, le parti ouvrier français abandonne officiellement la coopération et la raye de son programme (1). Mais, malgré cette décision officielle, l'idée de la coopération conserve beaucoup d'adhérents parmi la classe ouvrière. De 1881 à 1883, quelques associations se fondent et, en 1883, un nouveau mouvement coopératif se dessine très nettement.

Il est assez difficile de déterminer les causes originelles de ce développement Nous trouverons encore ici des faveurs officielles qui y ont aidé, mais elles n'apparaissent que lorsque ce développement était déjà né et assez prononcé. Elles l'accélèrent, elles ne le provoquent pas. Le fait qui semble en avoir été la cause la plus directe, c'est que l'industrie, à cette époque, traverse une crise ; un grand nombre de grèves éclatent, et les grévistes voient dans l'atelier coopératif, à la fois un moyen d'échapper au patronat, et un moyen de constituer un atelier de chômage. La plupart des associations qui se fondent à cette époque ont des relations très étroites avec les chambres syndicales, qui, quoique n'étant pas encore à cette époque reconnues légalement, avaient déjà une grande puissance. Les associations coopératives ne sont généralement que des émanations de ces chambres syndicales, qui les fondent au cours d'une grève qu'elles ont décidée. C'est le cas de

____

(1) Voir *infrá,* chap. 10.

la *Société coopérative des ouvriers parqueteurs*, fondée en novembre 1881 par la chambre syndicale des ouvriers du même métier, de l'*Association générale de l'ébénisterie parisienne*, fondée en décembre 1881, et de l'*Association coopérative des charpentiers de la Villette* qui date aussi de la même époque. Le même fait se manifeste en province ; c'est ainsi que nous voyons se fonder à la suite d'une grève en 1880, la *Société coopérative de l'Indépendance des ouvriers drapiers de Vienne* (*Isère*).

Quelles qu'en fussent les causes, le mouvement avait déjà pris, en 1883, une grande importance, surtout à Paris. C'est devant ces faits accomplis que le préfet de la Seine, qui était alors M. Floquet, et le Conseil municipal de Paris, prirent une série de mesures de nature à favoriser ce développement ; la plus importante fut la facilité qui fut accordée aux associations ouvrières de prendre part aux entreprises de travaux publics.

L'exemple donné par la Ville de Paris devait être suivi par l'État.

En 1883, M. Waldeck-Rousseau, ministre de l'Intérieur, constitua une commission d'enquête à l'effet d'étudier la situation des associations ouvrières de production et les mesures qui pourraient être prises pour aider à leur développement. La commission devait, à ce dernier point de vue, étudier particulièrement les modifications qu'il conviendrait d'apporter à la loi de 1867, pour faciliter la constitution des sociétés coopératives ;

d'autre part, les mesures qu'il conviendrait de proposer pour faciliter l'admission des sociétés ouvrières aux adjudications des entreprises de travaux publics.

L'enquête de 1883 différait de celle de 1866, en ce que la première avait porté sur toutes les formes que revêtaient les associations coopératives, quel que fût leur but, consommation, crédit ou production ; tandis que l'enquête de 1883 porta uniquement sur les associations ouvrières de production.

Les travaux de cette commission, commencés en 1883, ne furent terminés qu'en 1888. Ils devaient amener deux résultats : en premier lieu, la promulgation du décret du 4 juin 1888, sur les conditions dans lesquelles les associations ouvrières de production pouvaient être admises à concourir aux marchés de travaux publics ; en second lieu, le dépôt d'un projet de loi, non encore voté à l'heure actuelle, et qui devait constituer un régime légal spécial pour ces associations. Sur ce second point, la loi du 1ᵉʳ août 1893, modifiant la loi de 1867 sur les sociétés par actions, a seule apporté, jusqu'à l'heure actuelle, quelques changements à l'état de choses antérieurement existant.

Les effets de la protection gouvernementale sur le développement de la coopération ne devaient pas tarder à se faire sentir. De 1883 à 1885, 25 sociétés coopératives de production furent fondées.

D'autres faits devaient encore hâter ce développement.

Par un testament olographe, en date du 7 mai 1878, accepté par le Conseil municipal de Paris le 3 août 1880, un philanthrope, ardent coopérateur, M. Rampal, décédé le 3 décembre 1869, légua à la Ville de Paris la presque totalité de sa fortune, destinée à être employée en prêts à intérêts aux associations ouvrières de production, ou aux sociétés coopératives de consommation. de crédit ou autres. La liquidation de la succession qui n'a été achevée qu'en 1894, a montré que la Ville de Paris recueillait de ce chef un capital de 1.411.062 fr. 67.

En même temps, se fondait une organisation dont nous étudierons plus loin le fonctionnement et l'importance, la *Chambre consultative des associations ouvrières de production*, qui devait influer beaucoup sur le développement coopératif.

En 1893, l'idée qui avait animé les fondateurs du *Crédit au travail* et les coopérateurs appartenant à la deuxième période du mouvement coopératif compris entre 1863 et 1868, fut reprise par les gérants et directeurs des principales associations coopératives de production, qui fondèrent la *Banque coopérative des associations ouvrières de production*.

Enfin et en dernier lieu. il faut signaler, parmi les faits qui ont influé sur le développement coopératif à cette époque. l'inscription au budget à partir de 1893, d'un crédit spécial destiné à accorder des subventions aux associations ouvrières de production.

Téls sont, esquissés à grands traits, les principaux événements qui ont marqué l'histoire des associations coopératives de production.

Il nous reste à indiquer quelle est actuellement la situation de ces associations.

Une enquête faite par l'Office du travail au cours de l'année 1896 a permis de constater les résultats suivants. En 1895, il existait 172 sociétés coopératives de production dont 88 pour le département de la Seine et 84 pour les autres départements. Elles comptaient 9029 sociétaires : et leur capital versé s'élevait à la somme de 11.715.507 fr. Ce nombre au début de 1897 avait été porté à 184 associations. Sur ce nombre, 132 sociétés avaient moins de 10 ans d'existence, 35 avaient de 10 à 20 ans, 7 de 20 à 30 ans, 4 de 30 à 40 ans, et 4 de 40 à 50 ans.

Le nombre des associations qui s'étaient formées dans les dernières années avait été de 42 en 1894, de 32 en 1895 et de 41 en 1896. Mais, en revanche, pendant les mêmes années, un assez grand nombre de sociétés avaient également disparu. Ce nombre avait été de 11 en 1895 et de 12 en 1896.

Il semble résulter de cette enquête que le mouvement commencé en 1881 et qui s'était un peu ralenti vers les années 1890 à 1893 a repris à l'heure actuelle, et que nous nous trouvons en pleine période d'expansion de la

coopération de production. Peut-on espérer que cette
période sera de plus longue durée que les précédentes,
et ne sera pas suivie comme les autres fois d'une disparition brusque ? En d'autres termes, les coopératives
qui existent à l'heure actuelle présentent-elles des caractères de solidité et de durée suffisants pour qu'on
puisse leur prédire un long avenir ? Nous allons nous le
demander en étudiant les diverses formes qu'elles ont
revêtues.

CHAPITRE III

LES PRINCIPES DE LA COOPÉRATION ET LES DIFFICULTÉS QUE RENCONTRE LEUR APPLICATION.

§ 1

Après l'esquisse des diverses phases du développement de l'association coopérative de production, nous allons étudier maintenant les types principaux auxquels on peut ramener toutes les formes diverses que ces associations ont adoptées.

En effet, l'association ouvrière s'est révélée comme une organisation extrêmement souple. Tandis que dans l'esprit de ses théoriciens elle devait revêtir une forme unique, présenter partout les mêmes caractères, et que Fourier, comme Owen et Buchez, voulait établir une fois pour toutes les statuts auxquels elle devrait toujours se conformer, en réalité elle présente maintenant à l'examen une très grande variété de types. Cette diversité est la preuve de la vitalité qui l'anime ; car tout organisme vivant ne peut se perpétuer et progresser qu'en se différenciant chaque jour davantage pour s'adapter plus complètement au milieu dans lequel il se trouve. Par l'effet de cette règle générale, l'association coopérative de production a été amenée à se modifier suivant les époques où elle apparaissait, les circonstances qui provoquaient sa création et les travaux qu'elle était appelée à exécuter.

De là, toute une série de formes différentes : certaines associations étant restées conformes au type primitif, et reproduisant presque dans son intégralité l'association idéale rêvée par Buchez, les autres s'éloignant au contraire plus ou moins de ce type primitif et à l'extrémité opposée arrivant à ne constituer plus, sous couleur de coopération, que des sociétés ordinaires de patrons ou d'actionnaires.

Il importe donc tout d'abord de fixer des limites et de savoir où commence et où finit ce qu'on peut appeler, à proprement parler, une société coopérative de production.

Entreprendre une tâche en commun et partager entre tous les travailleurs qui coopèrent à l'établissement du produit le bénéfice net résultant de l'entreprise, tel est l'idéal que doit chercher à atteindre toute société coopérative de production. Pour y arriver, il faudrait que tous les éléments de la production, c'est-à-dire, comme l'avait dit Fourier, le capital, le travail, et le talent, c'est-à-dire la direction, fussent fournis exclusivement par les ouvriers ; que les ouvriers eussent constitué par leurs épargnes tout le capital et qu'ils eussent la haute main sur la direction. Il faudrait en même temps, et c'est là la condition capitale, que tout le pro-

duit net fut partagé entre les travailleurs uniquement
à raison de leur travail, et que le capital n'eût droit qu'à
un intérêt fixe. Il faudrait enfin que les rangs de l'association fussent largement ouverts, de telle sorte que
tous ceux qui, à un moment donné, ont pu être appelés
à coopérer à l'entreprise commune, pussent être incorporés dans son sein.

Mais il faut admettre que, même si une association
ne présente pas, d'une façon complète, chacun de ces
caractères, elle peut néanmoins avoir droit au titre de
société coopérative, pourvu que la partie la plus considérable du capital-actions de l'entreprise ait été constituée par les ouvriers et leur appartienne ; d'un autre
côté, que la part qui est accordée au capital dans le partage des bénéfices soit limitée et ne dépasse pas la part
qui est accordée aux ouvriers à raison de leur travail ;
enfin et en dernier lieu, que les ouvriers soient appelés
à avoir éventuellement une part plus ou moins grande
dans la direction effective de l'entreprise. En dehors de
ces limites, la société ne peut plus être considérée que
comme une société commerciale ordinaire.

Le type de coopérative le plus pur, c'est-à-dire celui
où les trois éléments de la production sont pour la totalité entre les mains des ouvriers de l'entreprise, malgré les difficultés de réalisation qu'il rencontre, a
cependant été adopté par un certain nombre d'associations. C'est le type que présente, notamment, l'association d'ouvriers lithographes, *La lithographie parisienne*

qui, malgré les difficultés très graves contre lesquelles elle a eu à lutter, est à l'heure actuelle en pleine prospérité et dont il est intéressant à ce titre d'étudier l'organisation.

Ces statuts nous fournissent, en quelque sorte, l'étalon dont on pourra rapprocher tous ceux que nous passerons successivement en revue, pour voir de combien les sociétés qui les ont adoptées se sont éloignées du type primitif et pur de la coopération (1).

Tout d'abord en ce qui concerne la constitution du capital social.

Nul ne peut être admis à souscrire une part de ce capital, s'il n'est ouvrier lithographe et ne fait partie de l'une des spécialités reconnues dans la lithographie. Pour que le capital, une fois souscrit et constitué, ne puisse pas passer dans des mains étrangères et, en outre, pour être certain que la société restera toujours une société ouvrière, il a été stipulé d'abord, conformément à la loi, que le transfert des actions ne pourrait avoir lieu qu'avec l'autorisation du conseil d'administration ; en outre. que tout sociétaire qui prendrait une imprimerie à son compte et deviendrait patron, serait, par le fait même, considéré comme démissionnaire de l'association.

(1) La plupart des renseignements fournis sur les coopérations de production seront empruntés à l'enquête faite en 1896 par l'Office du travail et dont les résultats ont été publiés, dans un volume intitulé : *Les associations ouvrières de production.*

Sur *La lithographie parisienne,* voir aussi Gide, *Rev. d'Ec. pol.,* janv. 1900, p. 15, note 1.

· Ce capital social qui doit être souscrit par les ouvriers a été fixé à 100.000 francs, divisé en 1.000 actions de 100 francs chacune. Chaque associé doit posséder au moins 10 de ces actions et ne peut en posséder plus de 50. Il était nécessaire d'introduire de telles limitations, d'une part, pour que le capital social pût être entièrement souscrit et que chacun fût intéressé au succès de l'entreprise pour une somme appréciable ; d'autre part, il fallait limiter le nombre des actions possédées, pour que certains des associés ne prissent pas, par le nombre de leurs actions, une influence prépondérante au détriment des autres, toute association coopérative devant être avant tout soucieuse d'établir autant que possible l'égalité entre ses membres.

En résumé, *La lithographie parisienne* se compose donc d'un nombre plus ou moins grand d'associés, possédant chacun dans l'association un minimum de 1.000 francs et un maximum de 5.000 francs.

Mais il est bien certain que les ouvriers ne peuvent, dans la majorité des cas, disposer d'une somme aussi considérable ; il a donc fallu que les statuts prévissent un mode spécial de versement de ce capital. Il suffira que chaque associé fasse, en entrant dans la société, un versement initial de 50 francs. La somme qu'il a souscrite sera ensuite complétée par des versements hebdomadaires de 2 francs et par la retenue de la part de bénéfice qui lui revient.

Le capital se trouve ainsi, conformément à la règle

que nous avons posée, entièrement composé par des apports ouvriers.

Si maintenant nous prenons le second élément de la production, la main-d'œuvre, il semble au premier abord qu'il ne puisse pas y avoir de difficulté et que dans une association ouvrière, il soit tout naturel que tout le travail soit exécuté par les associés, et que tous les associés soient appelés à exécuter le travail. Mais c'est là un idéal que dans la pratique il est impossible de réaliser, l'irrégularité des commandes, les brusques variations des affaires, le peu d'étendue que les associations coopératives peuvent leur donner, obligent d'une part à n'employer qu'une partie des sociétaires, d'autre part, dans les moments où les commandes affluent, à faire appel à des auxiliaires.

La lithographie parisienne a dû prévoir ces diverses éventualités. Il a été stipulé que la société devait, dans la mesure du possible, employer dans ses ateliers la plus grande partie de ses membres, suivant la spécialité et les aptitudes de chacun, et qu'elle n'emploierait des auxiliaires non associés qu'exceptionnellement et au cas où aucun des sociétaires ne serait en chômage. Dans ce dernier cas, d'ailleurs, ces auxiliaires doivent avoir les mêmes droits que les sociétaires dans la répartition des bénéfices et y participer dans la même proportion, au prorata du nombre des heures de travail qu'ils ont faites pour la société. Sur ce deuxième point encore, l'association des lithographes reste donc fidèle au principe coopératif qui veut que tous ceux qui ont contribué à établir le produit soient admis au partage des bénéfices qui en résultent.

Enfin, en ce qui concerne le dernier élément, la direction de l'entreprise, il est aussi tout entier entre les mains des ouvriers. Le directeur de l'association est élu au suffrage universel par tous les sociétaires. Il est choisi parmi les associés et élu pour trois ans. En fait, l'association a le même directeur depuis 25 ans.

La lithographie parisienne répond donc, sur tous les points, aux conditions que nous avons posées et qui doivent être remplies pour qu'une association coopérative puisse être prise comme type de celles qui répondent d'une façon absolue à l'idée de la coopération.

Les résultats qu'a donnés cette organisation ont d'ailleurs été très heureux.

Cette association, qui compte à l'heure actuelle plus de 35 ans d'existence, a eu à traverser des périodes extrêmement difficiles, puisqu'elle fut acculée deux fois à la faillite, une première fois en 1870, une seconde fois en 1884 ; mais chaque fois elle recommença courageusement son œuvre et, d'après les renseignements fournis par l'Office du travail, elle avait pu, en 1896, payer pour 57.734 francs de main-d'œuvre. Elle possédait pour 209.300 francs de matériel et avait réalisé 30.987 francs de bénéfices nets. Elle a obtenu sa réhabilitation par un jugement du 15 mars 1898. Malgré ses deux faillites, chaque part de 1000 francs, minimum de ce que peut posséder chaque associé, a déjà été remboursée 3 fois depuis 1884.

Il faut ajouter, pour compléter le tableau que nous avons tracé de l'organisation de cette société, qu'elle ne se préoccupe pas seulement de distribuer chaque année à ses sociétaires la totalité des bénéfices réalisés par elle, mais qu'elle en emploie une part considérable pour la fondation et l'entretien d'œuvres de solidarité entre tous ses membres, se conformant sur ce point à la théorie qu'avait prêchée Buchez.

En effet, dans la Société *La lithographie parisienne* les bénéfices ne sont distribués aux membres qu'après le prélèvement des charges sociales; et sont considérées comme charges sociales, non seulement une caisse de réserve alimentée par un prélèvement de 25 0/0 sur les bénéfices bruts, mais aussi une caisse de retraites qui participe elle aussi pour 25 0/0, et enfin une caisse de prévoyance fondée pour venir en aide, dans le cas d'accidents survenus dans le travail, ou de maladies sérieuses, aux sociétaires ou à leurs familles et dont les fonds sont constitués par une part de 50 0/0 sur les bénéfices bruts. En prélevant ces divers frais comme charges sociales, *La lithographie parisienne* a voulu démontrer que toute coopérative, pour rester véritablement fidèle au principe de solidarité qui l'anime, devait se préoccuper de l'intérêt collectif de la société avant de songer à l'intérêt individuel de ses membres; et c'est en cela surtout qu'elle mérite d'être prise comme type et placée au premier rang parmi les sociétés coopératives de production.

Mais la réalisation d'un type aussi complet d'association coopérative, qui doit tout à elle-même et n'attend rien que de ses membres, se heurte dans la pratique à des difficultés sans nombre. Aussi peut-elle être considérée bien plus comme l'exception que comme la règle. Sa réussite suppose chez ceux qui la dirigent des qualités exceptionnelles et des aptitudes commerciales peu communes, et chez ceux qui la composent une somme d'énergie, de dévouement et de ténacité qu'on ne peut pas toujours malheureusement s'attendre à rencontrer chez les adeptes de l'idée coopérative. Aussi, la plupart du temps, les ouvriers coopérateurs, sentant que leurs forces sont insuffisantes, font appel dès le début à des protections et à des influences étrangères, ou bien lorsque même ils sont parvenus, par leurs seules forces, à surmonter les premières difficultés, ils se voient contraints, par le développement même de leur œuvre, d'y apporter des modifications telles qu'elles lui enlèvent souvent le caractère qu'avaient voulu lui donner ses fondateurs.

Nous étudierons successivement dans les trois éléments qui concourent à la production, le capital, le travail, la direction, les difficultés auxquelles se heurte la constitution d'une société coopérative de production et les modifications que subit le principe coopératif pour arriver à surmonter ces difficultés.

§ 2

C'est en ce qui concerne le premier élément, la constitution du capital social, que les difficultés les plus nombreuses se rencontrent, mais c'est là aussi que les solutions inventées pour triompher de ces difficultés ont été les plus variées. C'est la façon dont elles constituent leur capital et dont elles le rémunèrent qui différencie surtout les diverses sortes d'associations coopératives, les unes des autres ; et c'est sur ce point aussi que doit se porter principalement l'attention lorsqu'on les étudie.

Quelles sont donc ces difficultés ?

La première, et aussi la plus importante, c'est celle que rencontre toute association formée uniquement entre ouvriers, à réunir la première mise de fonds, si petite soit-elle, qui est indispensable pour la mise en marche de l'entreprise commune.

C'est généralement à la suite d'une grève, provoquée le plus souvent par l'insuffisance des salaires, que les ouvriers songent à s'organiser en associations indépendantes et autonomes, et c'est justement lorsque les économies qu'ils avaient pu faire pendant la période de travail ont disparu pour la satisfaction des nécessités journalières, qu'on leur demande de faire un premier versement qui, malgré sa modicité, est, malgré tout, toujours beaucoup trop élevé.

L'histoire des associations coopératives, aussi bien

en ce qui concerne les associations coopératives de production que celles de consommation, est pleine du souvenir des efforts héroïques tentés par les fondateurs d'une société coopérative pour arriver à triompher de cette première difficulté. L'histoire du début des *Equitables pionniers de Rochdale* est trop connue pour qu'il soit utile de la rappeler ici. Mais en France même, et en ce qui concerne spécialement les associations coopératives de production, leur livre d'or compte beaucoup d'aussi belles pages.

L'époque de 1848 est fertile en exemples de cette nature. C'est ainsi que les *ouvriers facteurs de pianos* s'étaient réunis au nombre de 14 et n'avaient pu arriver à constituer, en accumulant toutes les sommes dont ils pouvaient disposer, qu'un capital de 228 fr. 50. Pendant deux mois, ils n'eurent pas d'ouvrage et durent mettre au mont-de-piété ce qui leur restait de mobiliers et de vêtements. Alors qu'ils avaient constitué leur association en mars, c'est seulement au mois de mai qu'une première commande permit de procéder à un premier partage qui donna une somme de 6 fr. 60 par chaque adhérent. Pendant longtemps, il fallut qu'ils se contentassent d'un salaire de 5 francs par semaine. Un boulanger proposa d'acheter un piano 480 francs et de le payer en pains, ce que les associés acceptèrent avec reconnaissance. Puis peu à peu, par le travail et la persévérance des associés, le salaire s'éleva à 10 francs, 12 fr. 50 et 20 francs par semaine, ce qui permit de faire des retenues et de constituer un capital : si bien qu'à la fin de 1851, après un peu plus de deux ans d'existence, les associés possédaient une valeur de 40,000 francs en matières premières et en marchandises fabriquées. Cette association qui existe encore à l'heure actuelle, est devenue une maison puissante, semblant justifier mieux que toute autre le principe, que c'est surtout les privations et les efforts qu'elles suscitent qui font naître le succès.

Faut-il citer encore à la même époque l'*association des ouvriers ferblantiers-lampistes*, qui fondaient une association en apportant leurs outils, et qui n'eurent pendant plusieurs semaines pour tout travail que la commande d'une lanterne de 12 francs.

L'association des fabricants de limes qui a aujourd'hui 1.500.000 fr. de capital et deux maisons, une à Paris et une en province, avait débuté avec 14 associés qui réunissaient à peine quelques centaines de francs.

Les *ouvriers lunettiers* débutèrent dans des conditions analogues. L'*association des ouvriers formiers*, qui eut aussi en 1848 sa période de grande prospérité, se fonda entre 5 ouvriers qui ne possédaient en tout que 2 fr. Un des associés se loua pour la moisson et abandonna tout le gain qu'il avait rapporté à l'association. C'est cette somme modeste qui lui permit de se mettre en marche.

Sans doute, une éducation aussi sévère a quelques avantages. Plus les luttes auront été pénibles, plus les difficultés auront été grandes, plus les privations auront occasionné de souffrances, plus les ouvriers auront de chance de se montrer, une fois le succès venu, bons administrateurs d'un pécule qu'ils auront si péniblement acquis. Et quelques économistes ont été jusqu'à prétendre que cette première période était absolument nécessaire pour le succès de toute coopération et que toute intervention ou toute protection étrangère qui tendait à atténuer les difficultés et à amoindrir les douleurs de cette période d'enfantement, nuisait à l'œuvre coopérative plus qu'elle ne lui servait, en risquant de détruire chez ses membres les qualités morales nécessaires au succès de la coopération (1).

C'est là une théorie qui a nécessairement pour effet de restreindre dans le cercle extrêmement limité des intelligences et des volontés d'élite, le développement de la coopération. Peu d'ouvriers sont capables d'un tel effort et faut-il ne pas prêter appui à ceux qui, quoique capables de certaines vertus moyennes, seraient cependant incapables à eux seuls de la persévérance que suppose la constitution d'une association ouvrière par les seules forces des ouvriers?

Mais d'ailleurs la difficulté relative à la constitution de la mise de fonds indispensable au début de toute entreprise coopérative n'est qu'une première difficulté, et en admettant même que l'association en triomphe, elle en rencontrera bientôt d'autres sur sa route.

(1) Voir notamment Brelay, *Réforme sociale*, 1898, 1ᵉʳ avril, p. 513 et p. 706.

Une fois créée, il faut que l'association vive et pour vivre, qu'elle progresse. La condition indispensable pour cela, c'est qu'elle ait un capital suffisant. La constitution du capital par l'unique moyen des retenues opérées sur les bénéfices est un mode long et quelquefois, lorsque les associés ne sont pas nombreux, un mode de constitution peu efficace. La première mise de fonds ayant été péniblement amassée, la somme qui s'y ajoute par l'accumulation des bénéfices est suffisante quelquefois pour que l'association coopérative continue à végéter ; mais pour que la coopération puisse vraiment occuper dans l'industrie moderne la place à laquelle elle a droit, il faut qu'elle puisse lutter avec les industries voisines, qu'elle possède comme elles un capital disponible et un outillage perfectionné. Il faut que le montant de son capital social puisse inspirer confiance à ses fournisseurs ; il faut, d'un autre côté, qu'elle puisse attendre de ses clients le paiement des sommes qui lui sont dues ; il faut qu'elle ait des réserves pour franchir les crises auxquelles nulle industrie n'échappe. La société de *la lithographie parisienne* offre un exemple frappant de cette nécessité. Les deux faillites auxquelles elle a été amenée, ont eu toutes les deux pour cause la faiblesse de son capital ; en 1870, l'actif égalait presque le passif ; en 1884, il le dépassait de plus de 100.000 francs ; mais l'argent liquide faisait défaut, le capital manquait.

C'est surtout pendant les premières années qui suivent la fondation de l'association que la difficulté de la

formation du capital, par suite des versements hebdomadaires et des retenues sur les bénéfices à partager,
se manifeste, et c'est ce qui explique que souvent les associations coopératives échouent au bout de quelques
mois d'existence. La mise de fonds qu'avaient pu constituer ses membres, suffisante pour lui permettre de
débuter, n'a pas pu s'augmenter assez rapidement pour
suffire aux besoins de l'association.

Mais, en dehors de ces premières années, l'insuffisance du capital se fait encore sentir à une troisième
époque de la vie des coopératives : c'est lorsque la coopérative a prospéré, qu'elle est devenue une organisation puissante et souvent assez riche, et qu'elle sent
le besoin de prendre une nouvelle extension. Les coopérateurs en effet, par suite de la pratique qu'ils ont
acquise des affaires, s'aperçoivent que les bénéfices
d'une entreprise ne peuvent s'accroître que si le capital
engagé s'augmente et suivant la proportion de cette
augmentation, et qu'il faut qu'une entreprise puisse
disposer d'une faculté presque illimitée d'augmenter
son capital, faculté que ne peut lui donner, à elle
seule, la puissance d'épargne de la classe ouvrière qui
est forcément très limitée. A ce moment encore les
associations coopératives vont se trouver forcées de
faire appel à des capitaux étrangers, de telle sorte que
le capital ouvrier qu'elles se sont constitué, n'apparaî-
tra plus que comme un appoint aux capitaux qu'elles
recevront du dehors.

Ainsi, à trois phases de leur existence, à leur naissance, dans leur jeunesse et à leur période de maturité, les associations coopératives vont se heurter à la difficulté de se constituer un capital et vont être contraintes par les circonstances de se modifier en faisant appel à des capitaux qui ne leur seront pas exclusivement fournis par leurs membres.

Nous allons étudier maintenant les diverses solutions adoptées pour surmonter ces difficultés et les modifications qu'elles ont apportées à l'organisation des sociétés coopératives.

Nous ferons ensuite la même étude en ce qui concerne les difficultés moins nombreuses et moins graves que rencontrent les sociétés coopératives, en ce qui concerne l'organisation de la main-d'œuvre et de la direction.

CHAPITRE IV

LES MODES DE CONSTITUTION DU CAPITAL SOCIAL DES AS-
SOCIATIONS COOPÉRATIVES DE PRODUCTION ET LEUR IN-
FLUENCE SUR L'ORGANISATION DE CES ASSOCIATIONS.

§ 1

Les divers modes par lesquels les associations coopératives de production ont essayé de résoudre les difficultés que présente la constitution du capital social
peuvent se diviser en deux groupes ; d'un côté le groupe
le plus important comprend tous les moyens qui ont
pour but de suppléer à l'insuffisance de l'épargne ouvrière, par l'appel soit à la générosité de l'État, soit à
celle des patrons, ou encore de groupements ouvriers
antérieurement constitués ; d'un autre côté, le second
groupe comprend les institutions qui ont pour but de
remédier seulement à cette insuffisance en fournissant
aux coopératives à titre de prêts les sommes dont elles
peuvent avoir momentanément besoin ; ce second groupe
est composé exclusivement des caisses de prêts, et des
banques coopératives. Nous arrivons immédiatement à
l'étude du premier groupe.

Le premier moyen parmi ceux qui ont pour but de fournir aux ouvriers les capitaux dont ils manquent, et qui, tant dans l'ordre chronologique que dans l'ordre logique, se soit présenté d'abord aux ouvriers associés qui se voyaient arrêtés par l'insuffisance de leurs ressources, c'est l'appel à l'intervention et à la générosité de l'État. Cette intervention se manifesta par le décret du 5 juillet 1848.

Ce décret avait été voté à la suite d'une proposition faite le 30 mai 1848, par le représentant Michel Alcan, qui avait proposé de consacrer un million par an, pendant 10 ans, pour donner des primes à toute association industrielle ou agricole formée entre ouvriers. Cette proposition fut réduite à une subvention plus modeste par le décret du 5 juillet 1848 qui est ainsi conçu :

« L'Assemblée nationale, voulant encourager l'esprit d'association, sans nuire à la liberté des contrats, décrète :

« Art. 1ᵉʳ. — Il est ouvert au ministère de l'agriculture et du commerce, un crédit de trois millions de francs, destinés à être répartis entre les associations librement contractées, soit entre ouvriers, soit entre patrons et ouvriers.

« Art. 2. — Le montant de ses crédits sera avancé à titre de prêt sur l'avis d'un Conseil d'encouragement formé par le ministre et aux conditions réglées par le même Conseil.

« ART. 3. — Le compte annuel de la répartition du crédit sera présenté à l'Assemblée nationale avec un rapport du Conseil d'encouragement. »

Ce décret fut voté sans discussion. Il ne faut d'ailleurs pas conclure de là que tout le monde en 1848 fut favorable et à l'association ouvrière et à l'intervention de l'État en cette matière. Beaucoup de députés qui avaient voté le décret de 1848 ne l'avaient admis que pour montrer par une expérience décisive que cette association si vantée était d'une réalisation impossible. M. Thiers s'écriait : « Ce n'étaient pas trois millions mais vingt qu'il fallait demander ; oui, 20 millions, nous les aurions donnés ; ce n'était pas trop pour faire une expérience concluante qui nous guérît tous de cette grave folie. »

Le crédit voté n'était, comme on vient de le voir, destiné qu'à fournir des prêts aux associations ouvrières ; pourtant nous n'hésitons pas à ranger cette tentative de 1848 dans le groupe de celles qui ont pour but de suppléer plutôt que de remédier à l'insuffisance du capital des associations ouvrières. C'est qu'en effet les prêts accordés par le décret du 5 juillet 1848 ne devaient pas avoir pour but d'aider les associations à franchir quelques obstacles ou à sortir de quelque crise ; ils devaient surtout servir à permettre à des associations ouvrières de se constituer, le gouvernement leur fournissant la totalité ou la presque totalité du capital avec lequel elles s'établissaient. La seule condition exigée

par le Conseil d'encouragement, c'était en effet que les
sociétés qui demandaient à participer au crédit, con-
sentissent à rédiger leurs statuts conformément à des
statuts-modèles qui avaient été adoptés par le Conseil
d'encouragement.

Ces prêts, d'ailleurs, étaient de telle nature, qu'ils
constituaient, pour ainsi dire, de véritables dons. Sans
doute, ils portaient un intérêt de 3 0/0 jusqu'à concurrence de 25.000 francs et de 5 0/0 au delà de cette
somme ; mais ils étaient consentis pour une durée égale
à celle de la société, et le remboursement, qui devait
avoir lieu par annuités, pouvait être suspendu pour les
sociétés qui ne faisaient pas de bénéfices et pour lesquelles le ministre avait toujours le droit de proroger
l'échéance, indéfiniment.

D'après un tableau dressé par l'Office du travail,
parmi les documents annexes de son enquête sur les
associations ouvrières de production faite en 1896, il
résulterait des documents de la période de 1848 que sur
le crédit de 3 millions voté par l'Assemblée nationale
660.500 francs avaient été touchés par 28 associations
ouvrières parisiennes qui avaient participé au prêt pour
des sommes très variées depuis 3.000 francs, par exemple, pour une *Association d'horlogers*, et 6.000 francs
pour celle des *Décorateurs sur porcelaine de la rue de
Paradis-Poissonnière*, jusqu'à 75.000 francs pour les
Ébénistes de la rue de Charonne et 80.000 pour les *Typographes de la rue Garancière*.

En dehors de ces sociétés parisiennes, une part des crédits avait été attribuée aux sociétés de province. 480.000 francs avaient été partagés entre 11 sociétés. Les sommes distribuées présentaient d'ailleurs encore plus de différences qu'à Paris, puisque certaines sociétés, comme celle des *Peintres plafonneurs de Troyes*, ne touchaient qu'un prêt minime de 3.000 francs, alors que les *Tisseurs de soies unies* à Lyon touchaient une somme de 100.000 francs et les *Tisseurs de velours*, également à Lyon. un autre prêt de 20.000 francs. On se souvient en effet que Lyon fut, pendant toute cette période, un des centres les plus actifs du développement du mouvement coopératif, tant en ce qui concerne la consommation qu'en ce qui touche la production.

Au total, les sommes distribuées en 1848, d'après le décret du 5 juillet, s'élevaient donc à 1.140.000 francs, alors que les demandes formulées s'étaient élevées au total énorme de 27.618.570 francs demandés par 480 sociétés, en voie de formation.

Pourtant l'expérience ayant été ainsi limitée et malgré le contrôle auquel s'était livré la commission d'encouragement, le résultat de cette première expérience ne fut pas heureux. Si quelques-unes des sociétés, telles que celle des typographes, remboursèrent intégralement les sommes qui leur avaient été confiées, et continuèrent cependant à prospérer, en revanche, beaucoup d'autres dilapidèrent ces fonds. et la moitié des sommes environ qui avaient été confiées aux sociétés coopératives fut complètement perdue. En 1855, d'après Louis Reybaud, il n'existait plus que neuf sociétés ayant participé au prêt de 1848 : en 1863, il n'en restait plus que trois, et à l'époque actuelle, une seule subsiste encore. celle des *Ouvriers en limes* qui, en 1848. avait touché un prêt de 10.000 francs, qu'elle avait remboursé en 1851.

Quelles ont été les causes de cet échec ?

Le gouvernement semblait avoir pris toutes les précautions nécessaires pour assurer le bon emploi des sommes qu'il distribuait. C'est ainsi que, en dehors du contrôle de la commission, le ministre, en accordant à chaque association le prêt qu'elle lui avait demandé, lui faisait signer un véritable contrat, en vertu duquel il devait lui être permis, non seulement de prendre communication de tous les règlements intérieurs de l'association, mais encore d'imposer à ces règlements toutes les modifications qui lui paraîtraient nécessaires. soit pour conserver à l'association son véritable caractère d'association ouvrière, soit pour garantir sa prospérité. Le ministre avait aussi le droit de faire visiter les ateliers quand il le voudrait.

En plus, la commission d'encouragement avait procédé avec beaucoup de circonspection, n'accordant les prêts qu'aux associations qui paraissaient mériter sérieusement cette faveur.

Ce n'est donc pas dans les conditions d'après lesquelles le crédit fut distribué, qu'il faut chercher les causes de l'échec de cette tentative, c'est uniquement dans la situation particulière de l'industrie et des coopératives de production à cette époque.

Il faut d'abord accorder une part très large de responsabilité aux événements politiques qui suivirent. Le mouvement de réaction qui marqua les années 1851 et 1852 précipita la ruine de beaucoup d'associations. Brusquement la restitution des subventions qui avaient été consenties fut exigée, et les sociétés les plus prospères faillirent sombrer à cette époque, ce fut le cas de celle des *Ouvriers tailleurs de limes*. Le gérant de cette société ne voyait qu'un moyen de sauver la situation, c'était de dissoudre la société et de vendre la clientèle à une entreprise patronale concurrente. Il fallut toute l'énergie de quelques-uns des membres, et toutes les privations qu'ils consentirent à endurer, pour arriver à maintenir la société, tout en opérant le remboursement qu'on leur demandait ; mais peu de sociétés purent opposer une telle force de résistance.

Pourtant ce ne fut pas là la seule cause de l'échec.

Comme on aurait pu le prévoir par le nombre seul des sociétés qui firent appel aux fonds qui leur étaient attribués par le décret de 1848, la générosité du Gouvernement avait eu pour effet immédiat d'appeler à la coopération, entrevue comme une source immédiate de profits, bon nombre d'ouvriers qui n'y étaient pas suffisamment préparés. Aussi quelle que fût leur bonne volonté, quelles que fussent d'autre part les précautions prises par le Gouvernement et la commission de contrôle pour n'accorder des subventions qu'à ceux qui les méritaient réellement, il ne s'en produisit pas moins ce résultat que la plupart des sociétés qui les obtinrent étaient de formation récente et composées de membres que rien n'avait préparé à l'exercice de la coopération. Les directeurs eux-mêmes qui étaient appelés à la direction de ces associations, n'étaient pas suffisamment expérimentés.

En outre, la forme même des associations, malgré les statuts-types publiés par la commission d'encouragement, était mal définie.

Et enfin, ces sociétés, si inexpérimentées, si instables dans leur forme et dans leur fonctionnement, se trouvaient en pleine crise industrielle, dans une situation particulièrement difficile, en face d'un public resté malgré tout défiant à l'égard des associations ouvrières. Là où les associations ouvrières échouèrent, certainement, beaucoup d'entreprises patronales eussent également échoué.

Faut-il partir de l'échec de cette tentative, pour condamner en principe et d'une façon absolue, toute subvention de l'État, destinée à favoriser la création des associations coopératives, et proclamer qu'il faut nécessairement, pour qu'une entreprise coopérative réussisse, qu'elle tire ses ressources uniquement de l'épargne de ses membres, toutes les autres devant être fatalement dilapidées par des ouvriers qui n'ont point souffert pour les acquérir (1)?

Ce serait là tirer une conclusion manifestement exagérée de l'échec de la tentative faite par le gouvernement provisoire. La vérité, c'est qu'il y a un danger et un danger très grand pour l'État à se montrer trop libéral en faveur des associations coopératives, au moment de leur constitution.

Il ne faut pas que la subvention du gouvernement provoque la naissance des associations coopératives, et détermine un mouvement d'expansion ; il faut seulement qu'elle soutienne ce mouvement une fois qu'il s'est produit. Il faut que la subvention gouvernementale soit un appoint au capital fourni par les ouvriers, et qu'elle ne constitue pas à elle seule la totalité du capital versé. En d'autres termes, la subvention gouvernementale doit se justifier par un intérêt particulier qui s'attache à une association naissante, et par les circonstances particulières qui expliquent en sa faveur cette intervention. Elle doit se présenter sous l'apparence d'une mesure exceptionnelle et particulière, et non comme une disposition générale, en vertu de laquelle toute association coopérative puisse croire avoir un droit acquis à cette faveur gouvernementale.

Il faut ajouter qu'il est dangereux aussi que cette subvention revête, comme elle l'avait fait en 1848, la forme d'un prêt.

(1) Voir en ce sens : Brelay, *Réf. soc.*, 1898, *loc. cit.*

D'une part, l'État comptant sur un remboursement, se montre facilement plus généreux et, comme on l'a vu en 1848, les résultats ne répondent pas toujours à ses espérances. D'autre part, l'intérêt que les associations doivent lui servir dans ce cas, grève lourdement le budget des associations coopératives, et n'atténue presque en rien le sacrifice que s'impose l'État. Enfin, ou bien les prêts sont consentis à longs termes, et alors équivalent presque à une subvention définitive, ou au contraire, ils sont accordés pour une période de temps moins longue, et alors l'époque du remboursement est de nature à provoquer, dans la vie d'une association encore jeune, une crise difficile et dont elle ne sortira qu'avec difficulté.

**

Il est bien entendu que ces critiques ne sont vraies que si le prêt est consenti à une société naissante, pour permettre sa création, et qu'elles ne s'appliquent plus lorsqu'il s'agit d'une association qui a déjà plusieurs années d'existence et qui a donné des preuves de force, de résistance et de solvabilité. C'est dans ces conditions qu'est intervenu, depuis quelques années, un nouvel essai de subvention gouvernementale en faveur des associations ouvrières de production.

L'échec de la tentative de 1848 semblait avoir eu pour résultat d'écarter, d'une façon définitive, l'idée d'une intervention de l'État de cette nature. Mais dans ces dernières années, l'attention et la sollicitude du gouvernement s'étant trouvée, comme nous l'avons exposé, ramenée vers les sociétés ouvrières de production, un fonds de subvention fut voté en 18.., et depuis cette époque inscrit chaque année au budget. Mais alors qu'en 1848 l'État s'était simplement constitué le banquier des associations coopératives, en ne leur allouant ses subventions qu'à titre de prêt, en 1893, c'est à titre purement bienveillant qu'intervient le gouvernement, et les subventions inscrites au budget sont accordées aux coopératives à titre de don.

Ces subventions se sont élevées graduellement. En 1893, elles avaient été de 69.000 francs ; en 1894, elles s'élèvent à 101.000 francs. Retombées en 1895 à 81.000 francs, elles reprennent leur marche progressive en 1896 où elles montent à 111.000 francs.

Ces sommes, contrairement encore aux subventions qui avaient été accordées en vertu du décret de 1848, se composent de secours assez modestes (1), puisqu'une bonne partie des associations (60 sur 139) qui ont bénéficié des sommes distribuées, ont touché des sommes qui varient entre 500 et 1.000 francs. Si l'on excepte une subvention de 50.000 francs accordée à la *Banque coopérative des associations de production*, où l'élévation de la subvention se justifiait par la nature même et le but de l'œuvre, une seule subvention un peu élevée a été accordée à une association coopérative de production

____

(1) M. Gide, *Rev. d'Ec. pol.*, janvier 1900, p. 21, appelle ces subventions « une espèce d'aumône ».

ordinaire. C'est une subvention de 11.000 francs qui a été attribuée en 1895 à une association dont la fondation remonte à 1869, l'*Imprimerie nouvelle*, subvention qui a été suivie l'année suivante d'une autre de 9.000 fr., ce qui porte le total des sommes touchées par cette seule société à 20.000 francs (1). Mais il s'agissait d'une société qui comptait déjà derrière elle de longues années de prospérité, dont le capital versé s'élevait à 200.000 fr., dont toutes les actions étaient entièrement libérées, et qui, par suite de la transformation qu'a subie l'industrie typographique et de la diminution des *étoffes* (2) qui en ont été la conséquence, traversait à ce moment une crise dont la subvention gouvernementale l'a aidée à sortir heureusement. Dans ces conditions, une intervention de l'État est non seulement légitime, mais encore presque nécessaire.

Il faut remarquer d'ailleurs que cette subvention de 20.000 francs, si élevée qu'elle paraisse par rapport aux autres, est loin cependant des subventions de 100 et 200.000 francs que le Gouvernement de 1848 accordait avec quelque prodigalité aux associations ouvrières à Lyon.

En dehors du cas spécial de l'*Imprimerie nouvelle* les subventions sont toujours restées extrêmement modiques, de façon, conformément au principe exprimé

---

(1) M. Brelay, *Réf. soc., loc. cit.*, a protesté avec véhémence contre cette subvention.

(2) C'est ainsi que les typographes désignent leurs bénéfices.

plus haut, à ne constituer qu'un appoint dans le capital souscrit et à garder le caractère de subventions pour ainsi dire charitables.

L'expérience qui se poursuit ainsi depuis 1893, paraît bien avoir été couronnée d'un certain succès. La plus grande partie des associations qui ont bénéficié des subventions gouvernementales sont à l'heure actuelle en voie de prospérité. Sur les 139 associations qui, d'après les renseignements fournis par l'Office du travail, ont participé à ce fonds de secours, il en est seulement 22 qui, ou bien n'ayant pas réussi se sont dissoutes, ou bien se sont transformées en entreprises patronales ordinaires. Il n'est pas douteux, que la subvention gouvernementale n'ait été pour une part dans le succès des 117 associations qui restent et qui ont prospéré, et que sans ce secours plusieurs ne seraient pas parvenues à se constituer, ou une fois constituées n'auraient pu se procurer un outillage suffisant pour mener à bonne fin l'œuvre entreprise (1).

Tels sont les deux principaux exemples qui aient été donnés depuis la constitution des premières sociétés coopératives de production, de l'intervention de l'État en ce qui concerne la constitution de leur capital social. Mais c'est là, ainsi qu'il ressort de ces exemples, une

____

(1) M. Gide ajoute, *loc. cit.*, avec une pointe d'ironie, que ces subventions ont encore l'avantage de faire bénéficier les associations à qui elles sont attribuées du prestige qui s'attache en France à toute œuvre subventionnée par l'État.

ressource extrêmement limitée. Il a donc fallu que les associations coopératives cherchassent un autre moyen de constituer le capital qui leur manquait.

§ 2

L'intervention de l'État sous la forme de prêt ou de subvention constitue un moyen en quelque sorte extérieur à l'association. Le fait de faire appel à l'État ou d'accepter sa subvention, ne modifie en rien la constitution de la société coopérative ; elle demeure libre d'organiser comme elle l'entend son administration intérieure et de disposer de son capital, de fixer librement l'intérêt qu'elle lui sert ou le dividende qu'elle lui accorde, exactement comme si ce capital avait été constitué par les seules épargnes de ses membres.

Mais le capital social peut au contraire, être constitué d'une façon qui implique une modification à l'organisation coopérative et lui impose une constitution spéciale.

Il existe tout d'abord des sociétés coopératives de production dans lesquelles le capital social initial, au lieu d'être apporté par les ouvriers sociétaires de l'entreprise, et constitué par leurs seules épargnes accumulées, a été au contraire apporté tout constitué par une entreprise patronale antérieure, à laquelle s'est superposée une association coopérative de production qui en a pris plus ou moins rapidement la place. C'est

le cas notamment de deux des plus connues et des plus
célèbres des associations coopératives de production,
la maison de peinture Leclaire et Cie et le *Familistère
de Guise* (1).

On s'est demandé quelquefois s'il fallait faire rentrer
des entreprises de ce genre parmi les associations coopératives de production ou s'il ne convenait pas, au
contraire, de les mettre au nombre des associations
qui se réclament uniquement de la participation aux
bénéfices.

Il y a entre les deux systèmes une différence radicale;
le système de la participation aux bénéfices en effet
comporte une simple modification à l'entreprise patronale et laisse intacte l'autorité du patron. C'est par une
décision gracieuse de ce dernier, qu'il est toujours en
son pouvoir de révoquer, que les ouvriers sont admis
à participer aux bénéfices.

Dans la coopération de production au contraire, non
seulement les ouvriers participent aux bénéfices en
même temps que le capital, mais en outre, ils participent
étroitement à la direction, par le droit qui leur est
donné d'élire le gérant ou le directeur, et par le contrôle
du Conseil d'administration qui les représente.

C'est à la façon dont est organisée la direction qu'il
faut se reporter pour chercher le critérium de la dis-

(1) M. Gide, *Rev. d'Ec. pol.*, janvier 1900, p. 15, indique comme
pouvant être ajoutées à ces deux entreprises *la Papeterie de Laroche-
Joubert* à Angoulême et les *Magasins du Bon Marché* de Paris.

tinction à faire entre la coopération et la participation aux bénéfices ; toutes les fois que les ouvriers auront une part dans la direction, on pourra dire qu'il s'agit d'une coopérative de production.

Or, en se plaçant à ce point de vue, il n'est pas douteux que, comme nous allons le voir, le *Familistère de Guise* aussi bien que la *maison Leclaire* ne constituent des organisations coopératives. Tout au plus peut-on dire, avec M. Cauwès (1), que c'est là un type intermédiaire entre la simple société de participation et la société coopérative, intermédiaire qui est destiné à servir de transition entre le régime du salariat et le régime de rémunération intégrale du travail, qui doit être le résultat de l'association coopérative de production. A ce seul point de vue déjà, il conviendrait de faire rentrer des institutions de cette nature dans une étude sur les diverses formes de la production coopérative, et il importerait de signaler les principaux traits de leur organisation.

En ce qui concerne tout d'abord le *Familistère de Guise*.

La société qui le constitue a été fondée le 13 août 1880 avec un capital de 4.300.000 francs, fournis pour la presque totalité (jusqu'à concurrence de 4.427.834 fr.), par M. Godin qui avait installé à Guise (Aisne), depuis 1840, une fabrique d'appareils de chauffage, de cuisine

____

(1) *Cours d'économie politique*, t. III, p. 215.

et d'ameublement. Les 172.100 francs qui restaient à verser pour constituer la totalité du capital avaient été fournis par les ouvriers qui allaient être les associés de l'œuvre nouvelle. M. Godin avait, en effet, depuis 1877, installé dans son usine le système de la participation aux bénéfices. C'était l'accumulation des bénéfices auxquels les ouvriers avaient eu droit et qu'ils avaient laissé dans l'entreprise, qui leur avaient permis de constituer cette part de capital social.

Le droit de chacun des associés était constaté par des *certificats d'épargne*, représentant le montant des sommes qu'il avait versées. Peu à peu d'ailleurs, la part possédée par les ouvriers dans le capital social de l'entreprise devait devenir de plus en plus grande par suite de l'accumulation continuelle des bénéfices. Le montant de la somme versée ainsi soit par les ouvriers actuels de l'entreprise, soit par les anciens ouvriers, s'élevait à la date du 30 juin 1895 à 2.307.707 francs, et le capital fourni par le fondateur avait, pour la presque totalité, été remboursé à sa famille.

Les membres de l'Association appartiennent à 5 catégories.

1° En premier lieu, *les associés* qui étaient, en 1896, au nombre de 270.

Ils sont élus par l'assemblée générale des associés déjà admis. Ils doivent être âgés de 25 ans, habiter les bâtiments du Familistère, participer aux travaux de l'association depuis 5 ans et posséder une part du fonds social de 500 francs au moins, qu'ils se sont constituée par l'accumulation des bénéfices qu'ils ont déjà touchés, alors qu'ils faisaient leur stage dans les classes d'ordre inférieur à celui d'associé.

Le nombre des actions que chacun des associés peut posséder n'est limité que par le chiffre de bénéfices qu'il peut accumuler.

2° La seconde classe est composée des *sociétaires,* au nombre de 190. Ils doivent être âgés de 21 ans, participer aux travaux de l'association depuis trois ans, habiter le Familistère et être admis par le conseil de gérance et le gérant.

3° En troisième lieu, les *participants* au nombre de 600 qui ne sont pas tenus à la résidence dans le Famili s-tère, et qui sont les ouvriers employés dans l'entreprise.

4° Une dernière classe se compose des *intéressés* au nombre d'environ 400. Ce sont les membres de l'association qui ne travaillent pas pour la maison, mais qui sont propriétaires d'une part du fonds social soit comme anciens membres de l'association, soit par succession ou achat. Le conseil de gérance peut, en effet, autoriser la cession dun certain nombre de parts sociales à des tiers.

5° Enfin en dehors de ses membres proprement dits, la société emploie encore des *auxiliaires,* au nombre d'environ 770 en 1896.

Les bénéfices de l'entreprise sont répartis de la façon suivante : 75 0/0 sont attribués au capital et au travail, au prorata des intérêts payés au premier et des salaires gagnés par le second. Mais une différence est faite entre les diverses classes que nous venons d'énumérer. Le nombre d'heures effectif de travail fourni par les *associés* est multiplié par 2, celui des *sociétaires*, par 1 1/2, celui des *participants* par 1,25 ; celui des *auxiliaires* reste à son total réel.

Les 25 0/0 qui restent sont distribués à raison de 16 0/0 au conseil de gérance (1 0/0 par conseiller), 4 0/0 au gérant, 2 0/0 au conseil de surveillance, 2 0/0 pour récompenser les services exceptionnels, 1 0/0 pour servir des bourses à des élèves sortant du Familistère.

Comme nous l'avons vu, ces bénéfices ne sont pas versés entre les mains de ceux qui y ont droit, ils sont constatés par des *certificats d'épargne* qui servent aux différents membres à acquérir des parts plus ou moins nombreuses du capital social. Les *auxiliaires* seuls ne peuvent pas acquérir ces parts ; le boni auquel ils ont droit est versé à la caisse *d'assurances des pensions et du nécessaire à la subsistance*, et ils jouissent des avantages attachés à cette caisse qui possédait en 1896 un capital de 1.183.580 francs.

L'autorité est tout entière entre les mains d'un gérant qui est nommé à vie par l'assemblée générale des associés.

Ce fait seul suffirait à nous prouver que nous sommes bien en présence d'une association coopérative et non d'une association de participation aux bénéfices. Mais, en outre, quoique nommé à vie, le gérant peut être révoqué par l'assemblée générale sur la proposition du conseil de gérance, dans un assez grand nombre de cas, notamment, si l'association se trouve pendant deux années consécutives dans l'impossibilité de servir aucun intérêt au capital, si des opérations faites par le gérant contrairement aux avis de l'assemblée générale et du Conseil de gérance ont entraîné pour l'association des pertes de plus de 50.000 francs, si le gérant a commis des abus de confiance.

Le gérant est assisté d'un conseil de gérance qui se compose de 3 associés élus pour un an par tous les autres et d'un certain nombre de directeurs ou de chefs de services.

Le *Familistère de Guise* comporte en outre un certain nombre d'organisations de prévoyance et de mutualité dans le détail desquelles nous n'entrerons pas, entre autres des magasins coopératifs d'épicerie, d'habillement, de boucherie, de papeterie et d'ameublement.

Les résultats de cette association ont été très brillants. A la fin de l'exercice 1895, la Société a pu distribuer 287.602 francs de bénéfices à répartir entre le capital, le travail et la direction, suivant la proportion que nous avons indiquée plus haut.

*

Le *Familistère de Guise* constitue donc bien un type

tout à fait spécial d'association coopérative de production.

Il en est de même de la *maison Leclaire et Cie*. Ayant commencé par être une simple entreprise patronale avec participation des ouvriers aux bénéfices, elle a fini par devenir, par suite des améliorations successives qui ont été apportées par son fondateur à son fonctionnement, une véritable association coopérative de production.

Cette entreprise se présente aujourd'hui sous la forme d'une société en commandite dirigée par trois gérants élus. Mais cette forme est relativement récente.

La maison avait été en effet fondée par M. Leclaire en 1826, et c'est en 1842 que, par une initiative hardie qui en a fait le promoteur du système de la participation aux bénéfices et le véritable chef de l'école qui s'inspire de ce principe, il commença à associer aux bénéfices de la maison qu'il dirigeait lui-même, une partie des ouvriers qui travaillaient sous ses ordres. Dès 1838, il avait constitué entre ces mêmes ouvriers une *société de prévoyance et de secours mutuels*, alimentée par des cotisations. Ces deux institutions fonctionnèrent pendant quelque temps côte à côte ; lorsqu'en 1854, M. Leclaire imagina de les confondre en quelque sorte, et de faire participer directement la société de prévoyance aux bénéfices. L'entreprise fut alors reconstituée sur une base entièrement nouvelle.

Un certain nombre d'ouvriers qu'on appelle *le noyau*,

qui ont fait un stage d'au moins 5 ans dans l'association, constituent entre eux une société de prévoyance qui a pour but primitif de leur assurer à l'âge de 50 ans et après 20 ans de services une pension de retraite de 1.200 francs. Cette société de prévoyance ne réclame de ses membres aucune cotisation. Elle est uniquement alimentée par la part à laquelle elle a droit dans les bénéfices de l'entreprise.

C'est cette société, dont l'avoir est la propriété collective et indivise de tous les ouvriers sociétaires constituant *le noyau*, qui est devenue en 1863 *commanditaire* de l'entreprise.

Dès ce moment, l'entreprise patronale avec participation des ouvriers aux bénéfices changeait de nature et tendait à devenir une *association intégrale*, une association coopérative.

En effet, dans le système de la participation aux bénéfices. les ouvriers sont uniquement associés aux bénéfices et nullement aux pertes, puisque, même lorsque l'exercice se solde par un déficit, ils ont cependant droit à leur salaire. Après la transformation de la maison Leclaire, les ouvriers commanditaires subissaient au contraire les pertes comme ils profitaient des bénéfices, puisque leur avoir collectif se trouvait suivant les résultats de l'exercice augmenté ou diminué. Il y avait donc là, de leur part, une véri b le coopération. Ce caractère devait se préciser encore avec la part qui, après la mort du fondateur. allait être accordée aux ouvriers commanditaires dans la direction de l'entreprise.

A l'heure actuelle, la société de prévoyance et de secours mutuels est commanditaire pour une somme de 100.000 francs qui porte intérêt à 5 0/0. En outre de cet intérêt qui lui est servi, la société est encore alimentée par l'attribution qui lui est faite de 25 0/0 sur les bénéfices nets de l'entreprise. Ces bénéfices accumulés ont produit, en dehors de sa commandite, des sommes qui s'élèvent à plus de 2 millions et qui sont placées, soit en rente sur l'État, soit à la Caisse des retraites pour la vieillesse. La société prend à sa charge les frais de maladie et d'inhumation ; elle assure chacun de ses membres pour une somme de 1000 francs à la caisse des assurances en cas de décès. Après 20 ans de services ou dans le cas d'infirmités qui mettraient l'ouvrier dans l'impossibilité de gagner sa vie, elle sert à tous ceux qui en font partie une pension qui, après avoir été fixée à 1.200 francs a été élevée à 1.500 francs et qui est réversible pour moitié sur la tête de la veuve et des enfants mineurs.

Les ouvriers qui ne font pas partie du *noyau* et les auxiliaires peuvent obtenir eux aussi, à l'âge de 50 ans, et dans le cas où ils ne pourraient plus subvenir à leurs besoins, une allocation annuelle égale aux 2/3 de la pension à laquelle ont droit les sociétaires. De tels services justifient et au delà, la part relativement considérable qui est attribuée à cette société commanditaire dans le partage des bénéfices.

Voilà donc, par suite de la commandite fournie par cette société le capital social constitué. Voyons maintenant dans quelles conditions chacun des ouvriers sera admis à acquérir une part de ce capital et à devenir associé de l'entreprise.

Comme nous l'avons déjà vu dans le *Familistère de Guise*, nous allons retrouver des classes différentes entre lesquelles sont partagés les ouvriers. Mais dans la maison Leclaire, il y a seulement deux classes distinctes : 1° en premier lieu, ceux qui font partie de la société de prévoyance et de secours mutuels que nous venons de décrire, et qui constituent la plus grande partie de ce qu'on appelle le *noyau*. Mais ce *noyau* contient, en dehors des membres de la société de prévoyance, quelques ouvriers qui y accomplissent en quelque sorte un stage préparatoire, avant d'être admis à tous les avantages que comporte la situation de membre de la société de secours mutuels. Ils sont ensuite admis comme membres de cette société par une délibération de l'assemblée générale des autres membres ; ce n'est qu'une affaire de temps.

Les conditions exigées pour faire partie, soit du *noyau*, soit de la société de prévoyance, sont les suivantes : il faut être âgé de plus de 25 ans et de moins de 40, être d'une conduite et d'une moralité irréprochables, et connaître à fond son métier : il faut, en outre, avoir fait partie pendant 5 ans de la société, à titre d'auxiliaire, et avoir été admis par les anciens membres du *noyau*. Sur 900 à 1.000 ouvriers que compte la maison Leclaire, le *noyau* comprenait, en 1897, 139 membres.

2° A côté de cette première catégorie d'ouvriers se trouvent les *auxiliaires*, dont le nombre est indéterminé et varie suivant les besoins de l'entreprise.

Le salaire dans les deux classes est le même et ne subit aucune retenue. Dans les deux classes également, les ouvriers touchent une part de 50 0/0 dans le partage des bénéfices, au prorata des salaires qui leur ont été payés, sans qu'il soit fait aucune distinction entre les ouvriers du *noyau* et les *auxiliaires*, quelle qu'ait été la durée du travail qu'ils aient effectué pour le compte de la société. C'est là une condition formelle qui a été expressément stipulée par M. Leclaire lui-même, dans l'acte de constitution de sa société du 6 janvier 1869.

Les avantages des ouvriers du *noyau* consistent non seulement, dans ceux qui leur sont attribués à titre de membres de la société de prévoyance, mais aussi dans la part qu'ils prennent à la direction de l'entreprise.

En effet, l'association est administrée par trois gérants dont le plus ancien donne son nom à la société, et qui sont élus par le *noyau* réuni en assemblée générale. Ils ne peuvent être choisis que parmi les ouvriers ou employés intéressés aux bénéfices. Comme dans le *Familistère de Guise*, ils sont élus à vie et doivent posséder un apport social, le premier de 200.000 francs, les deux autres de 100.000 francs. Ils reçoivent un traitement fixe de 6.000 francs.

Cette clause relative à l'apport des capitaux qui semblerait à première vue devoir opposer une barrière à l'accès des ouvriers à la direction de l'entreprise, n'a pas en réalité cet effet, parce les statuts permettent aux gérants de réaliser peu à peu leurs apports d'associés par voie de prélèvement sur leurs bénéfices. Et il est arrivé qu'en fait, les gérants qui ont été choisis, étaient d'anciens employés ou d'anciens ouvriers de la maison, dont l'unique apport était justement représenté par les bénéfices que leur avait permis de faire leur situation d'associés de l'entreprise coopérative.

Le système employé par la maison Leclaire lui a assuré une grande prospérité, et cette entreprise a été souvent citée en exemple tant par les partisans de la participation aux bénéfices que par ceux de la coopération. Il a d'ailleurs l'avantage de faire d'une façon rationnelle l'éducation coopérative des ouvriers, en les faisant passer par une période de préparation qui les accoutume à envisager les nécessités de l'œuvre qu'ils ont à accomplir. De plus, le capital social de l'entreprise se trouve constitué par des épargnes qu'ils ont faites pour ainsi dire automatiquement, et sans avoir pour cela à retrancher sur leur nécessaire.

Le seul inconvénient de ce système, c'est qu'il exige de la part du patron qui l'institue, un dévouement et un esprit de solidarité malheureusement assez rares.

En outre, notre législation qui n'admet pas la liberté de tester, rend ces fondations quasi impossibles pour tous les chefs d'industrie qui laissent des enfants.

Les deux industriels dont nous venons de rappeler les noms, M. Godin et M. Leclaire, ont cependant trouvé des imitateurs dans divers pays. Le système que nous venons de décrire, avec quelques différences de détail, est pratiqué en Hollande à l'imprimerie coopérative Van Marken. En Amérique, M. Nelson a appliqué un système exactement calqué sur le modèle que lui avait donné M. Leclaire dans son usine de fabrication d'appareils de cuivre située près de St-Louis, dans un village auquel il a donné le nom de Leclaire en hommage à l'initiateur de cette forme si intéressante de la coopération.

Malgré ces exemples, on peut considérer que ce moyen, pour une association coopérative, de se constituer, ne se présentera que tout à fait exceptionnellement. Il serait à souhaiter que les Godin, les Leclaire et les Van Marken trouvassent partout de nombreux imitateurs. Mais c'est là un souhait tout platonique et il n'existe aucun moyen de hâter l'avènement et le progrès d'une telle institution.

Il a donc fallu encore que les coopérateurs cherchassent, en dehors du secours que pouvait leur offrir l'initiative patronale, des ressources qui leur permissent de se constituer un capital suffisant, et pour cela, ils se sont adressés aux diverses organisations de la classe ouvrière.

§ 3

Un certain nombre d'associations coopératives se sont tout d'abord constituées, en faisant appel aux syndicats et en leur demandant de sacrifier en leur faveur une partie des fonds qu'ils possédaient.

C'était là une idée toute naturelle. Il y a, en effet, le plus souvent d'étroits rapports à l'origine, entre les sociétés ouvrières de production et les chambres syndicales. Comme nous l'avons vu, en faisant l'historique des sociétés coopératives, c'est très souvent au cours ou à la suite d'une grève et dans le but de former un atelier où les militants de la grève expulsés des ateliers patronaux puissent trouver du travail, que naît la première idée de l'association de production. Dans ce cas, elle revêt, presque nécessairement au début tout au moins, un caractère corporatif. Elle est fondée pour l'utilité de la corporation tout entière ; la chambre syndicale qui représente la corporation y domine et, dès lors, met à sa disposition les sommes dont elle peut disposer.

C'est ce qui est arrivé à la fondation de l'*Imprimerie nouvelle* dont nous avons parlé, pour la *Société corporative des tapissiers de Paris*, pour la Société *la Tablette anglaise* (1), pour l'*Association générale de la brosserie parisienne* et un grand nombre d'autres que nous pourrions citer.

(1) Société d'ouvriers fabricants de meubles.

D'autres fois, comme dans le cas de l'*Association générale des cartonniers en tous genres*, le syndicat prend
l'initiative de fonder un atelier coopératif, dans le but
de se procurer des ressources et de s'attirer des membres plus nombreux et plus zélés, par l'appât des bénéfices auxquels ils espèreront participer.

Il semble d'ailleurs à priori que le syndicat et l'association coopérative devraient toujours se prêter un
mutuel appui ; ces deux groupements poursuivent, au
fond, le même but, l'organisation rationnelle et cons-
ciente de la classe ouvrière en face du capital. Mais en
outre des différences d'idées et de théories qui les séparent et sur lesquelles nous reviendrons, la continuité
de leur union rencontre dans la pratique de sérieux
obstacles.

Une première difficulté, difficulté légale, se présente.
Aux termes de la loi de 1884 sur les syndicats professionnels dans son article 6, si les syndicats peuvent
employer comme ils le veulent les sommes provenant
des cotisations, et s'ils peuvent notamment avec ces
sommes subventionner des associations coopératives,
ils ne peuvent acquérir d'immeubles que ceux qui sont
nécessaires à leurs réunions, à leurs bibliothèques
et à des cours d'instruction professionnelle ; en d'autres
termes, ils ne peuvent pas, en tant que syndicats, posséder des ateliers ou des locaux propres à l'exploitation
de la coopérative.

D'une façon plus générale, aux termes de l'article 3,

ils doivent avoir exclusivement pour objet l'étude et la défense des intérêts économiques et commerciaux de la profession, et tout le monde est d'accord pour reconnaître que les termes de cet article leur interdisent de se livrer à aucune entreprise d'un caractère commercial.

Or s'il peut quelquefois y avoir un doute sur le point de savoir si les associations coopératives de consommation, qui ont simplement pour but de répartir entre leurs membres les marchandises qu'elles achètent en gros ont un caractère commercial, ce doute ne peut plus exister, lorsqu'il s'agit d'associations ouvrières de production qui ont nécessairement pour but de revendre avec bénéfice les marchandises qu'elles produisent et qui possèdent ainsi l'esprit de gain caractéristique de toute entreprise commerciale. Il est donc bien certain que le syndicat ouvrier ne pourra d'une façon légale constituer une coopérative, dans laquelle il fournira les capitaux et dont il touchera les bénéfices.

Tout ce qu'il pourra faire ce sera de créer entre ses membres une société coopérative distincte dont les bénéfices seront attribués à chacun des sociétaires.

Mais là encore des difficultés d'un autre genre, celles-là, toutes de pratique, se rencontreront. La coopérative tendra forcément à se séparer du syndicat, à s'émanciper de son autorité. Elle possède des intérêts distincts qu'elle entendra administrer librement : le syndicat au contraire se refusera toujours à admettre cet esprit d'indépendance qui tend à faire prédominer sur l'intérêt général de la profession, l'intérêt particulier de la coopérative. De là, des tiraillements et des brouilles qui sont constatés chaque fois qu'une association ouvrière et une chambre syndicale ont essayé de vivre dans une étroite union.

Ceci dit, et ces observations générales une fois faites, nous allons étudier les différents cas dans lesquels les syndicats ont été amenés à aider au mouvement coopératif.

Tout d'abord, et malgré l'obstacle légal dont nous avons parlé, il existe en France au moins un exemple de syndicats professionnels qui exploitent directement et pour leur compte une association coopérative. Nous voulons parler de l'*Association corporative des ouvriers en voitures*, située d'abord 69, rue Pouchet, puis 19, rue de la Chapelle, où elle réside encore actuellement (1).

Cette société a revêtu la forme d'une société anonyme à capital variable. Elle a été fondée en 1886, par les quatre chambres syndicales des charrons, des ouvriers en voitures proprement dits, des serruriers et forgerons, et enfin des selliers, représentant tous les corps de métiers qui prennent part à la fabrication des voitures. C'est l'ensemble de ces quatre chambres syndicales, représentant toute la corporation, qui est propriétaire

(1) Gide, *Rev. d'Ec. pol.*, janvier 1900, p. 9.

et seule propriétaire de la société coopérative ainsi fondée.

Le capital souscrit qui est de 20.000 francs, l'a été uniquement par ces chambres syndicales ; et les actions qui représentent ce capital sont entièrement entre leurs mains.

Mais pour éviter au point de vue de la loi de 1884, des difficultés que nous signalions tout à l'heure, les chambres syndicales n'apparaissent pas en nom : chacune d'elles désigne dans son sein 10 membres qui sont les titulaires nominaux des parts du capital, et les propriétaires apparents de la coopérative. Ces titulaires fictifs sont d'ailleurs changés au gré des syndicats, qui peuvent transférer les actions à ceux de leurs membres qui leur conviennent.

Chacun des syndicats possède ainsi 10 voix dans la société coopérative, dont l'assemblée générale n'est d'ailleurs composée que de ces délégués des syndicats. C'est cette assemblée générale qui constitue l'autorité suprême. Elle nomme le directeur qui reste toujours sous son contrôle.

Pour être ouvrier dans cette association, il faut nécessairement être membre du syndicat. Les salaires payés sont ceux fixés par la chambre syndicale, *mais les ouvriers n'ont droit à aucune part sur les bénéfices en plus de leur salaire.*

Les bénéfices sont répartis de la façon suivante: 5 0/0 sont attribués au capital à titre et d'intérêt et de

dividende, 25 0/0 vont aux caisses de secours et de retraites, 60 0/0 alimentent les réserves et les 10 0/0 restant vont aux syndicats actionnaires. Comme les syndicats sont propriétaires des réserves, c'est donc en
définitive une part de 70 0/0, c'est-à-dire la presque totalité des bénéfices qui leur est attribuée. Les syndicats
jouent donc vis-à-vis de l'association coopérative à peu
près le rôle d'un capitaliste ordinaire : la seule différence, c'est que les bénéfices qui leur sont attribués sont
employés à une œuvre collective.

C'est là sans doute une forme qui est en dehors de la
loi de 1884 (1), mais qui n'en est pas moins extrêmement intéressante. C'est la solution qui se rapproche le
plus de celle qui avait été rêvée par les théoriciens de
la coopération et notamment par Buchez. Elle représente la fusion intime du groupement coopératif et du
groupement corporatif.

Peut-être pourrait-on chercher dans cette forme une
ébauche de la solution du problème qui s'est posé d'une
façon particulièrement bruyante il y a quelques années,
au moment où les fondateurs de la *Verrerie d'Albi* se
demandaient si elle devait être une verrerie aux verriers,
ou une verrerie ouvrière, si les bénéfices de l'entreprise
devaient être seulement attribués aux ouvriers verriers

(1) Le projet de loi modifiant la loi de 1884 sur les syndicats professionnels, déposé par M. Waldeck-Rousseau, vise expressément la
constitution de coopératives par les syndicats professionnels dans
des conditions analogues à celles que nous venons de décrire, et reconnaît la légalité de cette organisation.

travaillant dans l'entreprise ou s'il fallait, au contraire, qu'ils profitassent à tout l'ensemble de la classe ouvrière. La solution intermédiaire consisterait à faire profiter, comme l'ont fait les chambres syndicales des ouvriers en voitures, la collectivité des ouvriers de la corporation, par le seul fait qu'ils appartiennent à la corporation et qu'ils ont été incorporés aux syndicats qui la représentent. L'extension de ce même principe et de cette même organisation à toutes les corporations aurait nécessairement pour résultat de faire participer aux bénéfices qui résultent de la coopération la classe ouvrière tout entière, d'une façon peut-être plus efficace que si on entreprend de la faire bénéficier dans sa totalité des bénéfices produits par chaque œuvre coopérative.

L'*Association corporative des ouvriers en voitures* est l'exemple à peu près unique d'une union complète entre les groupements syndicaux et les groupements coopératifs. Mais dans beaucoup d'autres cas, et alors que le rôle des chambres syndicales apparaît d'une façon moins évidente dans la formation de l'association coopérative, il a cependant été très efficace.

C'est souvent la chambre syndicale de la corporation à laquelle appartiennent les ouvriers coopérateurs, qui fournit la plus grande partie du capital social. C'est ce qui s'est produit, par exemple, pour la Société coopérative d'ouvriers papetiers *La Papeterie moderne*, fondée en 1895. L'idée de fonder une société coopérative émanait de la chambre syndicale et c'est elle qui, sur un capital initial de 1.800 francs, fournit la plus grosse part, 1.000 francs, qui permirent à l'association de commencer à fonctionner.

De même encore, pour la *Société coopérative d'ouvriers brossiers de Rive-de-Gier*, fondée également en 1895 et qui débute avec un capital versé de 900 francs, sur lesquels 600 ont été fournis par la chambre syndicale. On peut encore ajouter la *Société des ouvriers replanisseurs de parquets*, de la rue du Cloître Saint-Merri à Paris, fondée avec un capital de 3.400 francs, sur lequel les seules sommes versées se composent uniquement d'un prêt de 3.000 francs fait sans intérêt par le syndicat.

Enfin, et dans des proportions encore plus modestes, la *Société des sculpteurs-mouleurs* s'était fondée en 1888 au capital souscrit de 10.000 francs ; mais comme les associés se trouvaient dans l'impossibilité manifeste de verser un centime, c'est encore la chambre syndicale qui intervint et qui, par une subvention modeste de 200 francs, permit de trouver les matières premières indispensables avec lesquelles la société put commencer à fonctionner.

Tous ces exemples se rapprochent du premier, celui de la *Société corporative des ouvriers en voiture*, en ce que c'est uniquement le syndicat de la profession à laquelle appartiennent les coopérateurs qui intervient dans la fondation de la coopérative ; ils en diffèrent en ce que le rôle de ce syndicat se borne à un simple secours pécuniaire, et que l'association coopérative garde sa vie complètement indépendante de celle du syndicat, vis-à-vis duquel elle cherchera à se libérer si les affaires deviennent prospères. Il n'y a donc plus là cette union intime du mouvement corporatif et du mouvement coopératif que nous avons rencontré avec le premier type ; mais il y a cependant là un exemple de solidarité entre les groupements ouvriers qu'il était intéressant de signaler.

Mais en dehors des cas particuliers où une société coopérative s'adresse au syndicat de sa profession pour se constituer des fonds, un autre essai a été tenté d'une façon beaucoup plus générale par certaines organisations coopératives. Elles ont décidé de faire appel non plus seulement à un syndicat, au syndicat de leur profession, mais à tous les groupements similaires, à tous les syndicats, au nom de l'*intérêt de classe* et non plus seulement au nom de l'intérêt corporatif. Ces deux essais — dont l'un, celui de la *Verrerie aux verriers de Rive-de-Gier* a définitivement échoué, dont l'autre, celui de la *Verrerie ouvrière d'Albi* est encore trop récent pour qu'on puisse se prononcer définitivement sur le sort qui peut lui être réservé, — ont acquis, à cause de leur généralité même, une notoriété beaucoup plus grande que celle des essais modestes et beaucoup plus limités que nous avons décrits.

Nous allons étudier successivement en quelques mots chacun de ces deux essais.

L'historique de la *Société coopérative des verreries réunies de la Loire et du Rhône*, établie à Rive-de-Gier. n'offre plus qu'un intérêt rétrospectif, puisqu'elle a abouti à un échec définitif. Cependant le principe d'après lequel elle s'était fondée, étant entièrement nouveau, il est juste de lui faire une place dans l'énumération des différents types qu'ont adoptés les sociétés coopératives (1).

Les propriétaires de la Société des verreries de la Loire et du Rhône, qui avaient repris la suite d'une société en liquidation, offrirent en 1894 à leurs ouvriers de leur vendre une partie des actions dont ils étaient détenteurs. Le capital de cette société était de 300.000 fr. représentés par des actions d'apport de 500 francs chacune.

Les ouvriers acceptèrent avec enthousiasme le principe de la proposition des propriétaires, et après avoir hésité entre plusieurs systèmes pour savoir qui serait titulaire des actions ainsi rachetées, ils finirent par désigner 12 des leurs, entre lesquels devaient être réparties les 324 actions dont ils avaient décidé de faire l'acquisition. Ces acquisitions individuelles étaient cau-

---

(1) Sur cet historique, V. notamment de Seilhac, *La grève de Carmaux et la Verrerie d'Albi*, p. 132 et suiv.

tionnées par le syndicat des verriers de Rive-de-Gier qui se portait garant solidaire pour le montant des acquisitions individuelles.

Mais le syndicat lui-même ne possédait pas les fonds nécessaires à cette acquisition, et les quelques sommes dont il aurait pu disposer en temps ordinaire, étaient à ce moment absorbées par les frais de la grève d'une verrerie voisine, qui obligeait le syndicat à distribuer de nombreux secours aux ouvriers.

D'autre part, il était nécessaire pour entrer en possession des titres, de verser une certaine somme immédiatement. En effet, les actions avaient été mises en gage par l'ancienne société en liquidation chez des banquiers, et il fallait, pour les libérer, verser une somme de 250 francs par titre. Les actions une fois libérées jusqu'à concurrence de 250 francs, le reste du montant de chacune d'elles pourrait être payé par des versements ultérieurs mensuels.

Devant l'impossibilité où il se trouvait de tenir seul de tels engagements, le syndicat des verriers de Rive-de-Gier fit appel à tous les autres syndicats de la verrerie. Il imposa, en outre, à tous ses membres des retenues de salaires, et par ces deux moyens il arriva à recueillir une somme totale de 17.250 francs et à libérer ainsi 69 actions.

Pour ce qui concerne les versements ultérieurs, c'est la *fédération des syndicats* qui paraît d'y faire face ; chaque fédéré s'était en effet engagé à verser 27 fr.

On comptait sur 6.000 fédérés et on serait ainsi arrivé à réunir une somme de 162.000 fr. Mais de ce côté il y eut de nombreuses défections, et 1000 seulement des fédérés purent tenir leurs engagements.

D'un autre côté, la nouvelle association avait à se débattre contre des difficultés intérieures très graves. D'après le projet primitif, l'association devait être mi-patronale, mi-ouvrière ; les anciens directeurs de l'usine restant à la tête des ouvriers qu'il s'étaient associés. Mais la société était à peine constituée en fait, que l'un des directeurs se retira et intenta devant le tribunal de Saint-Etienne une action en dissolution de la société.

En second lieu la discipline s'établissait difficilement parmi les ouvriers que de perpétuelles divisions séparaient.

En troisième lieu, la société se trouvait à la tête d'une usine organisée pour une production très considérable, beaucoup plus forte que celle à laquelle l'association des verriers pouvait prétendre ; et l'outillage et le matériel avaient besoin d'être renouvelés. Toutes ces raisons contraignirent la société verrière à des dépenses inattendues ; et pour y faire face, elle fut obligée, d'une part, de réduire le salaire de ses membres de 50 0/0 ; d'autre part, d'en retarder le paiement de quinzaine en quinzaine, jusqu'à produire un retard de trois quinzaines successives.

Toutes ces difficultés étaient encore augmentées de

l'hostilité que rencontrait la société ouvrière chez les entreprises patronales concurrentes.

Les mesures les plus désespérées furent employées ; en face de la diminution de la production, on réduisit les heures de travail, qui fut ramené à 6 heures par jour ; puis chaque équipe ne travailla plus qu'une quinzaine sur deux. Mais enfin il fallut bien se résigner à la chute.

L'usine avait commencé à fonctionner sous le régime de l'association ouvrière le 3 août 1894, et le 22 juillet 1896 elle était obligée de déposer son bilan qui accusait un actif de 355.000 francs et un passif de 510.000 francs dont 1/5 en salaires arriérés.

L'expérience avait échoué.

Les causes de cet échec étaient nombreuses ; si quelques-unes étaient imputables aux ouvriers à cause de l'esprit d'indiscipline qu'avaient montré quelques-uns d'entre eux, la majeure partie des raisons doit être cherchée dans la situation particulière de l'établissement dont les ouvriers avaient pris la suite d'affaires. S'il est difficile à des ouvriers de fonder une entreprise, il leur est plus difficile encore de relever une industrie en voie de décadence, ce qui était le cas.

Le système qui avait été appliqué à Rive-de-Gier se rapproche de celui que nous avons vu appliquer en petit par l'*Association corporative des ouvriers en voitures*.

Le syndicat était seul actionnaire. La presque totalité des bénéfices devait lui être attribuée. Sur les bénéfices en effet, 15 0/0 étaient réservés à l'administration et à la direction, et les 85 0/0 restant étaient attribués au capital, indépendamment du travail. Ce système devait forcément avoir pour but de faire du syndicat, une sorte de patron-propriétaire vis-à-vis des ouvriers qu'il employait. Il devait mettre aux mains du syndicat, si les résultats étaient prospères, une richesse égale à celle qu'eût recueilli le patron exploitant l'entreprise.

∴

Cette conception devait rencontrer dans le sein du parti ouvrier une vive opposition. Au moment où, après la grève de Carmaux et grâce à la subvention de 100.000 francs fournie par Mlle Dembourg, les anciens ouvriers de l'usine Rességuier entreprirent de fonder une verrerie qu'ils exploiteraient eux-mêmes, la question se posa de savoir si une autre forme d'entreprise coopérative ne devait pas être préférée à celle qui avait été adoptée par les verriers de Rive-de-Gier.

On reprochait à ce système de détruire l'égalité entre ouvriers, en accordant à quelques-uns des bénéfices dont ne profitait pas la classe tout entière, en constituant un groupe de propriétaires qui devaient finir, comme tous les propriétaires, par n'avoir bientôt plus en vue que ses propres intérêts et qui constituerait une nouvelle classe de capitalistes oppresseurs au sein de la classe ouvrière elle-même.

En face de cette *Verrerie aux verriers*, les ouvriers de Carmaux tentèrent au contraire de fonder une *Verrerie ouvrière*, c'est-à-dire une entreprise dont le propriétaire réel, l'exploitant, serait la classe ouvrière tout entière qui seule en recueillerait les bénéfices. La discussion entre les deux systèmes se prolongea pendant de longs mois, et faillit même faire avorter l'œuvre nouvelle ; mais enfin le parti de la *Verrerie ouvrière* l'emporta avec M. Jaurès, contre le parti de la *Verrerie aux verriers*, avec M. Rochefort, et les fondateurs se mirent immédiatement à l'œuvre (1).

Il fallait tout d'abord constituer le capital de la nouvelle association.

La première mise de fonds avait été, comme nous l'avons vu, constituée par un don de 100.000 francs, fait par Mlle Dembourg. Mais le capital jugé nécessaire au fonctionnement de l'entreprise était estimé devoir s'élever à 500.000 francs au moins. Les fondateurs entreprirent de se procurer cette somme en faisant appel uniquement aux forces de la classe ouvrière, future bénéficiaire de l'entreprise. Ils essayèrent d'unir dans leur œuvre tous les groupements ouvriers de quelque nature qu'ils fussent ; syndicats, à quelque profession qu'ils appartinssent, sociétés coopératives de consommation, groupements révolutionnaires. Et pour que leur intervention fut facilitée, on procéda de le façon suivante. Le

<hr>

(1) Sur cette entreprise, Voir Gide, *Rev. d'Éc. pol.*, janvier 1900, p. 11.

capital fut divisé en 5.000 actions de 100 francs. Ces actions nominatives ne devaient être possédées que par un des groupements ouvriers dont nous avons parlé et étaient transmissibles au prix invariable de 100 francs, d'un groupe de même nature à un groupe de même nature, c'est-à-dire d'un syndicat à un syndicat, ou d'une coopérative à une coopérative, de façon à éviter que les syndicats ne prissent une influence prépondérante sur les coopératives, ou réciproquement. La société devait, d'ailleurs, toujours être informée à l'avance de ces transferts et conservait un droit de préemption.

Pour le versement de chacune de ces actions de 100 francs, qui pouvaient être uniquement souscrites par les groupements, une souscription était ouverte par tickets de 0 fr. 20 qui devaient donner droit à des lots dans les mêmes conditions que des billets de loterie ordinaire. Le montant de ces tickets, vendus uniquement aux membres des groupements ouvriers, serait converti en une valeur égale d'actions libérées de la verrerie, au nom du syndicat, de la coopérative de consommation ou du groupement qui aurait fait le versement.

Les sommes provenant de la vente de ces tickets montèrent à 204.355 fr. 85.

En outre, divers groupements ouvriers et notamment des sociétés coopératives de consommation souscrivirent directement des sommes assez importantes. C'est ainsi que *l'Egalitaire de Belleville* souscrivit pour une somme de 5.000 francs, *la Moissonneuse* pour 10.000, *la Bellevilloise* pour 8.000, *l'Union ouvrière de la rue Morel* pour 3.000, *l'Avenir de Plaisance* pour 1.000, *l'Utilité sociale* pour 500, et enfin divers syndicats apportèrent aussi une somme de 1.400 francs, soit au total une somme de 28.900 francs. Différents autres dons vinrent ensuite compléter le capital nécessaire.

Restait à organiser l'administration de la nouvelle société.

Aux termes des statuts qui furent élaborés, l'administration est confiée à un conseil de 9 membres. Parmi eux, 6 au moins devront être désignés parmi les ouvriers travaillant à la *Verrerie ouvrière* et choisis parmi les membres de la *Fédération nationale des verriers de France*. Les autres administrateurs sont pris dans les différents groupements ouvriers, syndicats ou coopératives actionnaires de l'entreprise. Ce conseil est uniquement chargé d'administrer la société, les pouvoirs suprêmes restant toujours attribués à l'Assemblée générale des actionnaires.

C'est ainsi que les employés révoqués par le conseil, peuvent toujours appeler de la décision qui les a frappés à l'assemblée générale.

Ce conseil est élu pour trois ans et renouvelable par tiers chaque année. Il délègue dans son sein un ou plusieurs administrateurs pour des objets généraux et spéciaux et pour la direction technique. Il siège au moins une fois tous les trois mois.

Au-dessus de lui se trouve l'Assemblée générale des actionnaires. Elle se compose de tous les actionnaires c'est-à-dire, comme nous l'avons vu, de tous les représentants des sociétés qui ont souscrit ; chacun d'eux a au moins une voix, et ne peut en avoir plus de 10, quel que soit le nombre de ses actions. L'Assemblée générale est présidée par un des actionnaires qu'elle désigne. Elle possède des pouvoirs illimités, pour prendre au sujet des affaires sociales, et à la simple majorité des voix, toutes les décisions qu'elle jugera utile, tant en ce qui concerne les affaires intérieures de la société, qu'en ce qui touche les modifications qu'il convient de faire subir au capital ou aux statuts. Elle représente donc l'organisation la plus complètement démocratique qu'il soit possible d'imaginer.

Il ne reste plus maintenant à examiner que la situation des ouvriers et la répartition des bénéfices.

Les ouvriers employés à la *Verrerie ouvrière* reçoivent seulement leur salaire qui est fixé au taux les plus élevés qui soient attribués dans l'industrie verrière. Les principes sur lesquels est basée la *Verrerie ouvrière* ne permettent pas qu'il leur soit attribué une part quelconque dans les bénéfices, part qui serait prélevée par eux au détriment de l'ensemble de la classe ouvrière. Les seuls avantages qu'ils aient en dehors du taux élevé de leur salaire, consistent dans les garanties qui leur sont attribuées contre toute possibilité d'arbitraire de la part de la direction qu'ils ont nommée. Nous avons vu, en effet, que le renvoi d'un ouvrier ne peut être prononcé par le conseil d'administration, que sous la réserve d'un appel de l'ouvrier renvoyé devant l'assemblée générale.

Les bénéfices résultant de l'entreprise sont partagés de la façon suivante : 20 0/0 sont attribués au fonds de réserve qui peut s'élever jusqu'à la moitié du capital social ; 20 0/0 sont attribués aux caisses de secours et de retraites établies au profit des verriers, et les 60 0/0 qui restent sont partagés entre les sociétés actionnaires à titre de dividende, sous la réserve toutefois, que les groupements actionnaires ne s'attribueront pas ces parts de dividende, et seront tenus de les consacrer « à une œuvre générale d'intérêt économique et social, déterminée par l'ensemble des organes intéressés ».

La *Verrerie ouvrière* a commencé à fonctionner à la fin de 1896, et malgré un certain nombre de difficultés intérieures, parfois des plus graves, elle fonctionne encore régulièrement à l'heure actuelle. Au mois de septembre 1899, la *Verrerie* a inauguré son troisième four et les résultats qu'on connaît témoignent qu'après avoir surmonté des difficultés sans nombre, elle est aujourd'hui dans une situation assez prospère.

On a dit que la *Verrerie ouvrière* ne constituait pas à proprement parler une association coopérative de production, qu'elle était une association ouvrière spéciale qui n'avait de coopératif que le nom. Nous croyons cependant qu'elle doit être rattachée directement à la coopération.

Elle réalise, en effet, d'une façon particulièrement exacte, l'idéal coopératif imaginé par Buchez et que nous avons décrit. Sans doute, chaque ouvrier ne touche pas effectivement le produit intégral de son travail, comme le réclament d'ordinaire les coopérateurs ; mais on peut dire qu'en droit, ce produit intégral lui est cependant attribué, puisque c'est l'ensemble de la classe à laquelle il appartient qui en bénéficie ; si bien, que le prélèvement injuste que les théoriciens de la coopération accusaient le capital de faire au détriment du travail, se trouve supprimé ; le prélèvement a toujours lieu, mais il est fait au profit du travail, et non au profit du capital.

Il n'en reste pas moins vrai qu'il y a là une forme tout à fait particulière de la coopération. Nous croyons qu'elle réalise justement de trop près l'idéal un peu utopique, rêvé par les théoriciens, pour ne pas donner lieu, dans la pratique, à d'assez graves désillusions. L'individu ne sent, croyons-nous, d'une façon suffisamment puissante et efficace, la solidarité qui l'unit à ses semblables, que si ses semblables sont ses voisins ; à mesure que le cercle s'élargit, le sentiment perd de sa force. Or, si l'on peut espérer que le sentiment de solidarité, qui doit être le fondement de toute entreprise coopérative, domine le sentiment de l'intérêt individuel dans un groupe de coopérateurs assez restreint ; si chacun, dans ce petit groupe, peut puiser dans ce sentiment une conscience assez forte de son devoir pour se soumettre à une discipline qu'il s'est imposée lui-même ; s'il y est aidé par l'intérêt direct qu'il y a et le profit immédiatement appréciable qu'il en retire ; on peut se demander si , lorsque les limites de ce groupement s'étendent à toute la classe ouvrière, lorsque, d'autre part, le succès de l'œuvre n'intéresse plus qu'indirectement, et à travers cette classe même chacun des membres, l'esprit de solidarité et de discipline ne sera pas emporté rapidement par le déchaînement des égoïsmes et des passions individuelles.

Quelles que soient les précautions que les fondateurs de la *Verrerie ouvrière* aient prises pour prévenir un tel danger, on peut craindre pour l'œuvre qu'ils ont fondée, qu'ils n'y échappent pas. Et s'il convient d'admirer sans réserve l'idée généreuse qui les a guidés dans l'organisation de la *Verrerie ouvrière*, peut-être convient-il de se montrer au contraire très réservé en ce qui concerne le résultat pratique de leur œuvre, et de laisser au temps le soin de démontrer si, comme il y a tout lieu de le craindre, elle était condamnée d'avance, ou si, au contraire, elle était destinée à montrer qu'il y a dans le fait de l'exploitation et de la propriété collective, des ressources dont, jusqu'à l'heure actuelle, on est en droit de douter.

A côté de cette forme de coopération sur laquelle il est encore si difficile de se prononcer, il en est une autre qui, sans offrir les mêmes dangers, présente cependant à notre avis les mêmes avantages ; c'est celle que nous avons décrite et dont le type nous est fourni par la *Société corporative des ouvriers en voitures.*

C'est plutôt dans la corporation que dans l'ensemble de la classe ouvrière, que la Société coopérative doit aller chercher les ressources dont elle a besoin : c'est plutôt à la corporation qu'à la classe ouvrière qu'elle doit attribuer les bénéfices qu'elle peut produire. Tandis que le lien entre une association coopérative et la classe ouvrière est un lien vague et flottant, celui qui unit les intérêts de la coopérative aux intérêts du syndicat de la même profession, est au contraire un lien extrêmement solide. Les ouvriers, qu'ils soient actionnaires de la coopérative ou qu'ils travaillent dans les ateliers patronaux, ont les mêmes intérêts précis et particuliers. C'est par une méconnaissance réciproque de ces intérêts, qu'ils arrivent quelquefois à se combattre au lieu de se prêter un mutuel appui. Les syndiqués reprochent à l'association coopérative d'agir dans un but égoïste, parce que le résultat immédiat de la coopération est seulement d'enrichir et d'émanciper quelques-uns des membres de la corporation, sans se préoccuper du sort des autres. Mais ce reproche n'est juste qu'en apparence. Au fond, en montrant à chacun une possibilité de propriété et d'émancipation, l'association coopérative travaille pour le bien commun. Elle ne devient souvent égoïste que parce que la majeure partie des ouvriers de la profession à laquelle elle appartient se désintéresse de ses efforts.

D'autre part, son concours peut offrir aux ouvriers syndiqués un appui précieux : en entrant en lutte avec les difficultés de la pratique, les coopérateurs apprennent non seulement l'esprit de discipline, mais ils apprennent aussi, qu'il y a des nécessités commerciales et industrielles dont il faut tenir compte : et ils apportent au sein du syndicat un esprit plus assagi.

Ce sont là les avantages pratiques et présents de l'union entre les associations coopératives et les syndicats. L'avantage lointain, c'est que l'association coopérative est pour le syndicat le moyen d'arriver peut-être un jour à être le possesseur de son instrument de travail et à réaliser la production à la fois corporative et coopérative.

Il y a donc dans l'entente intime entre les syndicats représentant la corporation et l'association coopérative, une idée extrêmement féconde. Si les exemples d'une telle union sont rares, cela tient peut-être moins aux dissentiments qui séparent les coopérateurs et les syndiqués sur le terrain de la théorie, qu'à cette raison toute de fait et de pratique, que les syndicats professionnels sont eux-mêmes, en France tout au moins, des organismes encore incomplètement développés et qu'il en est peu qui soient capables, à l'heure actuelle, de trouver les fonds nécessaires pour subventionner une société coopérative. Quoi qu'il en soit, c'est là nous semble-t-il, une des directions vers laquelle doit évoluer l'association coopérative de production, et c'est particulièrement aux groupements syndicaux de la profession à laquelle elle appartient qu'elle doit s'adresser pour constituer le capital social qui lui fait défaut (1).

§ 4

L'étude que nous avons faite du moyen par lequel la *Verrerie ouvrière d'Albi* avait constitué son capital social, nous a déjà montré qu'en dehors des syndicats, il existait une autre série de groupements auxquels les sociétés coopératives de production pouvaient faire appel ; nous voulons parler des sociétés coopératives de consommation. La façon dont les organisateurs de la *Verrerie ouvrière* ont fait appel à leur concours est trop spéciale pour qu'il nous suffise de nous borner à cet exemple. Il y a dans l'union entre les sociétés coopératives de production et celles de consommation un avantage trop manifeste et des possibilités de développement trop grandes pour que nous n'y revenions pas d'une façon un peu plus étendue.

Il y a à la vérité, entre ces deux branches de la coopération des différences telles, que malgré la communauté de nom et quelquefois la communauté d'origine, ce sont en réalité, deux institutions d'ordre distinct.

La société coopérative de consommation, a pour but de satisfaire en commun et d'une façon plus écono-

____

(1) Sur ce point, V. *infrà*, les idées des néo-coopérateurs anglais, et notamment de Mme Sydney-Webb.

mique aux besoins immédiats de la vie : elle vise uniquement à supprimer les intermédiaires entre consommateurs et producteurs ; elle s'accommode des conditions actuelles de la production et ne cherche pas à les modifier.

L'association coopérative de production, au contraire, a uniquement pour but de remplacer le salariat par un mode de rémunération plus équitable, de constituer un système de travail où le travailleur soit plus indépendant. Elle ne cherche pas à produire dans des conditions plus économiques que l'entreprise ordinaire, et ne se préoccupe pas de livrer au consommateur des produits à meilleur marché, elle s'inquiète seulement de savoir la part qui reviendra aux ouvriers sur le prix auquel le produit sera vendu.

Il y a donc là deux ordres d'idées distincts. Mais malgré ces différences, il y a d'un autre côté, assez de ressemblances entre les deux institutions, pour qu'elles doivent se prêter un mutuel appui.

Toutes les deux, en premier lieu, s'inspirent d'un même sentiment de mutualité et de solidarité, et chacune estime que non seulement il y a pour tout individu un devoir à aider son prochain, mais encore qu'il y a pour lui une réelle utilité ; que la véritable façon de se rendre service à soi-même, c'est de commencer par rendre service aux autres, et que l'égoïste est un calculateur qui se trompe.

En second lieu, elles ont toutes les deux pour but

l'élimination d'un élément, soit dans la consommation, soit dans la production : d'un côté, c'est l'élimination du capitaliste en tant qu'il opère sur le profit un prélèvement trop élevé et par suite injustifié ; de l'autre, c'est l'élimination du commerçant de détail qui lui aussi, s'attribue dans le prix de revient une part trop importante pour le rôle qu'il joue.

Enfin, toutes les deux contribuent à l'éducation de la classe ouvrière, en appelant chaque ouvrier à l'administration de la propriété collective qu'elles visent toutes les deux à constituer à son profit.

Il est donc tout naturel qu'elles songent, lorsque l'occasion se présentera, à faire appel l'une à l'autre. L'association de production devra faire appel à la société de consommation lorsqu'il s'agira d'écouler ses produits ; l'association de consommation au contraire, devra s'adresser de préférence aux producteurs coopératifs pour leur demander les objets fabriqués dont elle a besoin (1).

Mais, en outre, et c'est là le point qui nous intéresse plus spécialement, lorsque l'association coopérative se trouvera en présence de la difficulté inhérente à ses débuts et qui consiste dans la pénurie de capitaux, elle pourra et elle devra s'adresser aux associations de con-

---

(1) M. Gide, *loc. cit.* signale à ce point de vue que c'est grâce à l'appui de certaines sociétés de consommation qui s'étaient engagées à lui acheter leurs bouteilles de préférence à celles des industriels non seulement à égalité de prix, mais même en les payant 20 0/0 au-dessus, que la *Verrerie ouvrière* a réussi à surmonter les premières difficultés contre lesquelles elle avait à lutter.

sommation plus anciennes et plus riches, pour leur demander le sacrifice en sa faveur d'une partie de leurs ressources.

Cependant, ce mode de constitution du capital social des sociétés coopératives de production, en dehors de l'exemple que nous a fourni la *Verrerie ouvrière*, paraît, en France tout au moins, avoir rencontré assez peu de faveur.

Parmi les 200 sociétés coopératives de production qui ont fait l'objet de l'enquête de l'Office du travail, un seul exemple nous est fourni d'une association production qui ait, avec une association de consommation correspondante des rapports intimes, et qui ait reçu d'elle un appui et un secours: c'est celle des *Ouvriers et ouvrières fabricants de sacs en papier*, à Paris, qui a été fondée en 1892. Elle avait pour but de relever le salaire des ouvriers et ouvrières de cette profession qui, par suite de circonstances particulières, était tombé à un taux extrêmement bas. Le capital initial de cette association a été fourni par une société coopérative de consommation qui est devenue sa principale cliente et, grâce à l'appui de laquelle, elle a commencé et elle continue à fonctionner d'une façon tout à fait prospère.

Mais ce n'est là, comme nous le disions, qu'un exemple unique et tout à fait exceptionnel. Pour le voir se généraliser, il faut envisager la situation des associations coopératives en Angleterre.

On sait, en effet, quel a été le développement des sociétés coopératives de consommation en Angleterre. Ces sociétés, répandues en nombre extrèmement considérable sur tout le territoire anglais, ont fondé entre elles des associations coopératives de gros, des *Wholesale Societies*, dont chaque association coopérative particulière est à la fois l'actionnaire et la cliente, et qui sont chargées d'acheter en gros les quantités qu'elles répartissent en détail, entre les diverses sociétés locales. Il existe deux de ces sociétés de gros, l'une en Angleterre, l'autre en Ecosse.

Or ces sociétés sont intervenues d'une façon extrèmement efficace dans le développement des associations coopératives de production anglaise. En premier lieu, l'une et l'autre de ces sociétés de gros, sont actionnaires pour une part plus ou moins considérable dans toutes les associations coopératives de production anglaises (1).

Ce qu'il importe de remarquer, c'est que le capital qui est fourni aux associations de production dans ces conditions, l'est sous la forme de capital-action et non sous la forme de capital-obligation ; c'est ce que nous avons vu déjà pratiquer par la *Verrerie ouvrière* en France. La société de gros n'est plus seulement un prêteur, dont le prêt est rémunéré par le service qui lui est fait d'un intérêt déterminé et limité, elle

____

(1) V. sur ce point, *Rev. d'Ec. pol.*, 1898, p. 272.

participe, au contraire, au bénéfice exactement dans les mêmes conditions que les ouvriers sociétaires de l'entreprise. C'est là, comme nous l'avons déjà vu tout à l'heure, dans le cas où un syndicat devient actionnaire et bailleur de fonds d'une association coopérative, une modification assez sensible apportée au principe coopératif.

L'ouvrier de l'entreprise n'a plus droit directement au produit intégral de son travail, dont une part va au capital qu'il n'a pas fourni. L'association reste cependant coopérative, en ce que cette part prélevée par le capital va non pas à un individu seul ou à un groupe particulier, mais qu'elle est attribuée à des organisations qui sont la propriété collective de la classe ouvrière. Chaque ouvrier, retrouve en tant qu'il est membre d'une société coopérative de consommation, la part de bénéfices dont il a été privé par suite du prélèvement opéré par cette société comme actionnaire de l'association de production dont il fait partie.

C'est par suite de ce même principe qu'on peut aussi faire rentrer dans les diverses formes de la production coopérative, une autre série d'entreprises créées de toutes pièces par les sociétés coopératives de consommation en gros anglaises. Les *Wholesale*, en effet, ne se sont pas contentées d'acheter les marchandises en gros à des producteurs étrangers pour les répartir entre les diverses sociétés coopératives, leurs clientes, elles ont voulu produire pour leur propre compte et par leurs propres forces.

C'est ainsi que l'*English Wholesale cooperative Society* a débuté par acheter, en 1872, une fabrique de biscuits près de Manchester, dans laquelle elle a commencé à fabriquer pour son propre compte en 1873 et où elle emploie, à l'heure actuelle, plus de 300 ouvriers.

Elle a installé des fabriques de chaussures, de savon, de lainages, d'ameublements et en un mot de tous les produits divers dont les magasins coopératifs ont le débit.

La *Wholesale* écossaise a procédé de la même façon. D'abord simple société de distribution, elle commença 13 ans après son établissement à fabriquer pour son propre compte. Elle installa, en 1881, une fabrique de chemises dans laquelle elle put, sans augmenter d'une façon sensible le prix des produits fabriqués, augmenter au contraire le salaire des ouvrières de façon à faire disparaître les salaires de famine ordinairement payés dans ce genre d'industrie où sévit d'une façon particulière le *sweating system*. Un grand nombre d'autres entreprises furent ensuite fondées par la *Wholesale* écossaise, qui a fini par rassembler toutes ses industries diverses dans de vastes bâtiments qu'elle a fait construire à Shieldhall et dans lesquels elle emploie plus de 3.000 ouvriers.

Tous les auteurs qui ont étudié ces entreprises se sont plu à rendre hommage à la façon dont elles étaient administrées. Mme Sydney Webb (1) constate que la ma-

_____
(1) *Rev. d'Ec. pol.*, 1891, p. 962.

nufacture de chemises notamment, est un brillant exemple des avantages que peut offrir la coopération. Cette industrie, en effet, qui emploie un grand nombre de femmes, leur paie des salaires très élevés, et limite à 44 heures par semaine le travail qu'elles doivent fournir. En outre, elle les fait travailler dans des ateliers construits d'après tous les principes de l'hygiène, où les salles de travail sont aérées et spacieuses. Ce sont là des avantages indiscutables et dont il faut sans doute rapporter le bénéfice au principe de la coopération qui a permis d'installer des usines dans des conditions aussi favorables.

Peut-on dire cependant que ces ateliers soient des ateliers coopératifs? Sans doute, comme nous l'avons fait remarquer tout à l'heure, pour le cas où des sociétés coopératives de consommation étaient actionnaires d'une association coopérative de production, chaque ouvrier finit par bénéficier indirectement du produit intégral de son travail ; mais, si cette considération permet de rattacher en une certaine mesure ces entreprises à la production coopérative, elle ne suffit pas pour que l'on puisse leur attribuer à proprement parler le nom d'entreprises coopératives.

En effet, la société de consommation en gros joue vis-à-vis de ces entreprises, exactement le rôle de l'entrepreneur, du patron ordinaire. Elle paie à ses ouvriers un salaire qui peut être très élevé, plus élevé même que dans la plupart des industries similaires, mais elle ne les fait en rien participer aux bénéfices qu'elle s'attribue en entier à raison du capital qu'elle a fourni. Le capital n'est plus seulement un associé dans l'entreprise, il est le maître, et un maître absolu. Et cela est si vrai, que l'on a vu s'élever des plaintes très nombreuses contre cette forme d'industrie. On accusait les directeurs des *Wholesale* anglaises d'oublier le principe sur lequel reposaient leurs sociétés, et de se préoccuper uniquement d'augmenter leurs bénéfices, sans hésiter pour obtenir ce résultat, à abaisser le prix de la main-d'œuvre au-dessous d'un salaire suffisamment rémunérateur. Aussi les Trades-Unions ont-elles quelquefois combattu ces organisations. Il serait nécessaire pour que ces entreprises restassent véritablement coopératives, qu'elles associassent directement les ouvriers aux résultats de l'entreprise par l'organisation de la participation aux bénéfices.

§ 5

Les types que nous venons de passer en revue, bien que quelques-uns s'éloignent d'une façon assez sensible, du type primitif de la coopérative, ont cependant ce trait commun que, c'est uniquement aux forces de la classe ouvrière qu'ils font appel pour constituer leur capital. Nous allons maintenant arriver à une dernière forme d'association coopérative qui, tout en paraissant moins éloignée par sa constitution de l'association-type, a en réalité, introduit dans le fonctionnement de l'association de production et dans les moyens dont elle use pour constituer son capital social, une modification qui change profondément la nature de ces associations.

Les associations de ce dernier genre ont, en effet, pris le parti de faire appel au capital, sous quelque forme qu'il se présentât, qu'il appartînt ou non à des ouvriers, en lui assurant comme rémunération, en dehors d'un intérêt fixe, un dividende indéterminé.

C'est à la suite d'une démarche faite par le directeur de la Banque des valeurs industrielles, auprès du directeur d'une des associations coopératives de production les plus prospères de Paris, M. Buisson, directeur-gérant de la Société coopérative des ouvriers peintres *Le Travail* que cette nouvelle forme de société coopérative a été adoptée par l'association qu'il dirige. Cet exemple, a été suivi par un certain nombre de sociétés de production, et à l'heure actuelle, il existe tout un courant de coopérateurs qui ont abandonné d'une façon définitive, le principe même sur lequel reposaient ces associations, à savoir que le capital de l'entreprise doit appartenir uniquement aux ouvriers ; si bien, qu'on peut se demander si ces associations peuvent bien encore prétendre au titre de coopératives.

Pour bien comprendre la portée de la modification apportée, il est nécessaire d'étudier en détail l'histoire et le fonctionnement de la société coopérative qui a pris l'initiative de ce mouvement, la société des ouvriers

peintres *Le Travail*, d'autant plus qu'avant la transformation qu'elle vient de subir, elle représentait l'un
des types les plus parfaits de la coopérative pure, et
qu'on évaluera mieux par la comparaison de ses deux
organisations successives, la distance qu'elle a parcourue.

C'est en 1882 que huit ouvriers peintres se réunirent
pour former la société qui prit pour nom *Le Travail.*
Le capital qu'ils avaient pu constituer s'élevait à 3.200
francs. C'était là une somme tout à fait insuffisante si l'on
considère surtout que, dès son début, la société obtint
à force de rabais consentis, la soumission de grosses
entreprises et notamment une adjudication de 200.000
francs de travaux, dans le ministère de l'agriculture qui
se construisait alors. Elle réussit cependant à surmonter les difficultés qui résultaient de cet état de choses,
grâce à l'aide que lui fournit un marchand de couleurs
qui lui ouvrit ses magasins et lui permit de s'y fournir
jusqu'à concurrence de 10.000 francs, grâce aussi aux
acomptes qui lui furent payés sur les travaux. L'exécution de cette adjudication assura d'une façon définitive
la prospérité de l'association.

Les affaires réussirent de telle sorte qu'en 1897 l'association possédait un capital de 25.000 francs entièrement versé par les ouvriers sociétaires. Elle avait distribué, en 1896, pour 10.500 francs de bénéfices. Depuis
quelques années, elle était devenue propriétaire de l'immeuble qu'elle occupait et qui lui avait coûté 100.000 fr.

Ces résultats extrêmement brillants, avaient été obtenus grâce à l'organisation que nous allons maintenant décrire.

Le capital de 25.000 francs était représenté par des actions nominatives de 100 francs chacune. Pour obtenir la propriété d'une de ces actions et devenir sociétaire, il fallait d'abord être ouvrier de l'entreprise, verser immédiatement la moitié du montant d'une action, soit 50 francs, et s'engager ensuite à en acquérir 4 autres, de façon à être, en définitive, possesseur d'au moins 5 actions.

Le versement du montant des 4 dernières n'avait lieu d'ailleurs que progressivement, au moyen d'un versement régulier et continu de 0 fr. 05 par heure de travail effectif, si le sociétaire travaillait à la société, de 10 francs par mois si, faute d'ouvrage, le sociétaire était obligé de travailler en dehors. Au bout de quelques années, le capital ayant été entièrement souscrit et versé, il n'était plus possible de devenir sociétaire qu'à la faveur d'une cession de part.

Le capital ainsi versé était productif d'intérêts à 5 0/0 ; 5 0/0 étaient en outre attribués à la réserve légale jusqu'au moment où elle aurait atteint le minimum du capital social, c'est-à-dire 15.000 francs, et 5 0/0 à une réserve extra-légale créée en vue de pourvoir aux cas imprévus, qui appartiendrait à tous les sociétaires proportionnellement à leur part d'actions.

Ces prélèvements faits, qui constituent les charges

sociales, 30 0/0 des bénéfices nets étaient attribués à tous. les travailleurs, qu'ils fussent ou non associés de l'entreprise au prorata des heures de travail qu'ils avaient faites.

Les sociétaires touchaient d'un autre côté une autre part de 30 0/0 qui leur était attribuée à raison de leurs actions.

La direction bénéficiait d'une part de 8 0/0 et le reste, soit 17 0/0, était attribué à la caisse de retraite et à la caisse de secours.

En ce qui concerne la direction : la société comprenait d'abord des *membres fondateurs*, — qui pouvaient être possesseurs de 25 actions alors que les actionnaires ordinaires n'en pouvaient posséder au plus que 10 — « dont la haute mission consiste, par une étroite union entre eux, une similitude de vue, d'intérêts, d'aspirations, à assurer la stabilité, la vie et la perpétuité de l'association ». Ces *membres fondateurs* étaient chargés de donner à l'association une direction morale, et uniquement morale. En effet, ils ne pouvaient en aucune façon s'immiscer dans la gestion pratique des affaires qui était tout entière entre les mains d'un *conseil d'administration* composé de 5 membres, élus pour 5 ans par l'assemblée générale des sociétaires, chacun des sociétaires ayant autant de voix au sein de cette assemblée qu'il possédait de fois 5 actions. ce qui est, comme on se le rappelle, le nombre minimum d'actions que puisse posséder un sociétaire.

Enfin le pouvoir exécutif était exercé par un *directeur*, choisi par le conseil d'administration soit dans son sein, soit parmi les membres de la société, soit même en dehors d'elle et qui comme le conseil lui-même était nommé pour 5 ans. En fait, depuis la fondation, le pouvoir directorial est toujours resté entre les mains du directeur actuel, M. Buisson, qui a contribué pour une grande part au succès de l'association (1).

Comme nous l'avons vu, la société coopérative *Le Travail* sous la forme que nous venons de décrire avait brillamment réussi. Mais la réussite même de ses affaires devait amener chez ses membres et notamment chez son directeur de plus vastes ambitions. La société voulait étendre ses affaires et pour cela la nécessité absolue s'imposait d'augmenter son capital dans une très forte proportion.

Il était en effet certain, que pour une société qui réalisait un bénéfice annuel de près de 110.000 francs (bilan de 1897) et qui faisait un chiffre d'affaires annuel de près de 1 million, un capital de 25.000 francs était notoirement insuffisant.

Sans doute, la profession de peintre exige un outillage et un matériel assez restreint ; mais il faut tenir compte de ce fait, que plus les travaux effectués sont importants, plus les délais demandés pour le paiement sont étendus. De plus, l'association effectuait une part

(1) Voir Brelay, *Réf. soc.*, 1898, *loc. cit.*

de ses travaux pour le compte de la Ville de Paris qui, bien qu'elle soit tenue de verser aux associations ouvrières des acomptes sur les travaux en cours d'exécution, leur fait souvent attendre fort longtemps le règlement des sommes dont elle peut être redevable. La Société *Le Travail* était perpétuellement obligée d'avoir recours à un crédit toujours fort onéreux, soit au moyen des ressources que lui offrait la *Banque coopérative*, soit au moyen de celles qu'elle pouvait trouver au sous-comptoir des Entrepreneurs, au Crédit Foncier. C'était là une charge pour l'association et une entrave perpétuelle à ses projets.

La Société désirait aussi joindre à son industrie le commerce des papiers peints et ouvrir un magasin dans l'intérieur de Paris, frais pour lesquels elle aurait été obligée d'avoir encore recours à l'emprunt. Cette situation fut une des causes qui déterminèrent le directeur de l'association et le conseil d'administration à modifier son organisation.

Ils invoquaient en outre une autre raison, celle-là toute théorique.

D'après les idées du directeur du *Travail*, ce serait se faire une idée trop étroite de l'association coopérative que de vouloir que les ouvriers fournissent exclusivement tous les facteurs de la production et de n'accepter le capital qu'à la condition qu'il soit uniquement le résultat des épargnes de la classe ouvrière, et en le subordonnant absolument au travail. C'est là un renversement des rôles un peu trop absolu et un peu trop radical. La véritable idée coopérative ce serait d'associer le capital, de quelque source qu'il provienne, au travail dans des conditions déterminées d'égalité et d'indépendance réciproque. En d'autres termes, le seul but de la coopération serait d'arriver à ce que le capital ne régnât plus en maître absolu, mais à limiter ses droits par ceux des travailleurs, tout en lui laissant encore une part assez belle pour que ceux qui en sont les détenteurs, aient cependant un avantage suffisant à le confier aux travailleurs associés. Ces idées avaient été développées lors du congrès coopératif de Lyon en 1894, par MM. Buisson et Charles Robert, dans un rapport qu'ils avaient présenté à ce Congrès : « Chaque fois qu'une association ouvrière », y était-il dit, « peut par les moyens ordinaires de crédit se procurer les capitaux dont elle a besoin, elle doit s'abstenir d'admettre dans son sein l'élément capitaliste à titre d'actionnaire. Voilà la règle ; mais elle comporte des exceptions que la peur des mots ne doit pas empêcher l'association ouvrière d'admettre. Ainsi, l'acceptation de capitaux s'impose d'où qu'ils viennent, lorsque le capital versé par les associés ouvriers est notoirement insuffisant et que le crédit est difficile, sinon impossible à trouver. Ce serait une faute grave que de refuser l'admission d'un capital purement actionnaire, quand de son acceptation dépend la vie même de la société. Nous pensons même qu'on devrait bien accueillir le capital, toutes les fois qu'il pourrait être une cause de prospérité pour l'association, d'où résulterait une amélioration pour l'élément producteur.

Quelle que soit la raison qui fasse accepter son concours, il est sage dans les statuts de limiter avec soin, les droits et pouvoirs des deux éléments, travail, capital. S'il est juste en raison des risques qu'il court d'accorder au capital, outre un intérêt à taux fixe, une part dans les bénéfices sous forme de dividende et de lui donner la possibilité du contrôle de l'emploi des fonds, il ne faut en aucun cas qu'il puisse prendre la prépondérance sur l'élément travail ».

L'application de ces idées n'allait pas être sans soulever de vives oppositions dans le monde de la coopération et il faut reconnaître en effet que, si ce procédé pouvait offrir le moyen pratique d'arriver à supprimer la plus grosse des difficultés à laquelle se heurte la constitution d'une société coopérative, en revanche il avait le danger très sérieux de risquer de faire perdre à la société coopérative son caractère propre et de la réduire à n'être qu'une modalité nouvelle des sociétés par actions ordinaires.

Ces difficultés n'arrêtèrent pas les administrateurs de la Société *Le Travail*. Et ce fut sur les bases de ces idées nouvelles que l'on décida de procéder à la réorganisation de la société sous une forme plus étendue (1).

On procéda à la liquidation de l'ancienne association, et une nouvelle société fut créée.

(1) Voir Gide, *Rev. d'Ec. pol.*, janvier 1900, p. 14.

Elle fut constituée au capital de 1 million, divisé en 10.000 actions de 100 francs, sur lesquelles 3000 étaient attribuées à l'ancienne société, en représentation partielle de ses apports.

Aucune condition n'est plus exigée pour avoir le droit de souscrire ces actions qui sont ou nominatives, ou au porteur; aucune limitation n'est apportée non plus au nombre d'actions que chaque actionnaire peut posséder. Elles sont payables à raison de 50 francs lors de la souscription, et le reste, lors des appels de fonds qui seront adressés par la société.

Jusque-là, nous ne trouvons rien qui distingue cette société coopérative d'une société par actions ordinaire.

Mais la société comprend deux sortes d'actionnaires. Les actionnaires ordinaires, devenus possesseurs de leurs actions dans les seules conditions que nous venons d'énumérer et les actionnaires travailleurs ou *sociétaires*.

Pour ces derniers seuls, revivent les anciennes conditions et les anciennes faveurs qui figurent déjà dans les anciens statuts.

Pour devenir *sociétaire*, il faut d'abord être ouvrier de l'entreprise et être admis par le conseil d'administration, sur la présentation d'un comité spécial dit *comité du travail* qui se livre à une enquête sur la capacité professionnelle et la moralité des aspirants.

Il faut, en outre, être actionnaire de la société; posséder déjà à ce titre 2 actions et s'engager à en acquérir d'autres jusqu'à concurrence de 10. A la différence des actions ordinaires dont le versement ne s'effectue que sur appel de fonds, les actions des sociétaires doivent être entièrement libérées dans l'espace de trois ans, au moyen d'une retenue sur le salaire et de l'abandon de la moitié de la part de bénéfice à laquelle le sociétaire a droit.

Les sociétaires doivent enfin verser lors de leur admission, un droit de 10 francs au profit de la caisse de secours mutuels.

Il suffit donc, en résumé, de posséder une somme de 110 francs pour pouvoir, si l'on est agréé par le conseil d'administration, devenir sociétaire de l'entreprise.

Examinons maintenant, la part faite à chacune des classes d'associés dans la répartition des bénéfices.

Chaque action, qu'elle appartienne à un actionnaire ordinaire ou à un *sociétaire*, bénéficie d'un intérêt fixe de 2,50 0/0, plus, à titre de dividende, d'une part de 30 0/0 dans les bénéfices. Toutefois, les statuts ont prévu le cas où, par suite de bénéfices très élevés, le profit attribué aux actionnaires pourrait dépasser les limites d'une rémunération légitime, et une échelle descendante a été établie, de façon à ce que le profit du capital, intérêt et dividende compris, ne puisse jamais dépasser un taux d'environ 7 0/0 (1).

A cet effet, il a été stipulé que si les bénéfices nets

____

(1) On se rappelle que Fourier avait déjà émis cette idée. Voir *suprà*, chap. I.

totaux atteignaient 15 0/0 du capital versé, le dividende attribué aux actions, au lieu d'être de 30 0/0 sur les bénéfices ne serait plus que de 27,50 0/0; que si les bénéfices nets totaux atteignaient 17,50 0/0, le dividende ne serait plus que de 25 0/0 ; enfin, que si les bénéfices atteignaient 20 0/0, le dividende ne serait plus que de 22,50 0/0.

Tout ce qui est ainsi enlevé comme rémunération au capital est ajouté à la part de bénéfices qui est attribuée aux travailleurs à raison de leur travail : si bien que cette part, qui est en règle générale de 30 0/0, s'élèvera à 32,50 0/0, 35 0/0, 37,50 0/0, lorsque le dividende attribué au capital décroîtra dans les mêmes proportions.

En ce qui concerne le reste des bénéfices, il est partagé suivant les règles adoptées par les anciens statuts à raison de 10 0/0 aux réserves, tant légales qu'extraordinaires, et de 17 0/0 à la caisse des retraites et à la société de secours mutuels. Le conseil d'administration et les directeurs reçoivent aussi une part spéciale qui est de 9 0/0 pour le directeur et de 4 0/0 pour le conseil d'administration.

En ce qui concerne la part de bénéfices accordée aux travailleurs, il n'est pas fait plus que par le passé, de distinction entre les sociétaires et les simples auxiliaires : les seuls avantages des sociétaires consistent en ce qu'ils participent aux bénéfices, tant à raison des actions qu'ils possèdent que du travail qu'ils ont effectué. Certains avantages spéciaux leur sont aussi conférés comme membres de la caisse des retraites et de la société de secours mutuels.

Ayant ainsi organisé l'association entre le capital et le travail, il restait à délimiter d'une façon très stricte les pouvoirs de ceux qui représenteraient ces deux éléments, de façon à ce que les travailleurs ne finissent pas par tomber sous la domination absolue des capitalistes. Le danger, en effet, c'était que le capital arrivant à prendre peu à peu la prépondérance au sein de la société, ne finit par en modifier complètement l'organisation et l'esprit à son profit.

Il nous reste à étudier les précautions qui ont été prises pour parer à ce danger.

Dans la société réorganisée, c'est l'assemblée générale des actionnaires qui constitue le pouvoir souverain : c'est elle qui, en dehors des pouvoirs propres qui lui sont attribués, a le droit d'élire le conseil d'administration chargé lui-même de nommer le directeur.

L'assemblée générale est composée de tous les actionnaires, sociétaires ou non, possesseurs d'au moins 10 actions. Cela implique nécessairement que tous les sociétaires en font partie de droit, puisque, pour être sociétaire, il faut, comme nous l'avons vu, posséder au moins 10 actions. Chaque actionnaire a autant de voix qu'il possède de fois 10 actions, sans toutefois que le nombre de ces voix puisse dépasser 9.

Quelles sont les limites apportées aux pouvoirs de cette assemblée ?

Tout d'abord, en ce qui concerne le droit qu'elle a d'élire les membres du conseil d'administration.

Sur les 5 ou 7 membres élus pour 6 ans qui composent le conseil d'administration, *un seul* peut être choisi parmi les actionnaires non sociétaires ; tous les autres devant obligatoirement être sociétaires, c'est-à-dire travailleurs, de façon à ce que dans l'administration de la société, la majorité reste toujours et sans conteste aux travailleurs ; le représentant des actionnaires ordinaires n'étant placé à côté d'eux que pour exercer une sorte de contrôle sur la façon dont ils gèrent les intérêts de la société.

En second lieu, alors que dans les délibérations ordinaires, l'assemblée générale prend ses décisions à la majorité des voix, dans toutes celles qui touchent à la constitution même de la société, *l'unanimité* des actionnaires est nécessaire pour qu'une décision soit prise. Il en est ainsi notamment, dans tout ce qui touche aux modifications qui pourraient être apportées à la division des actionnaires en deux classes, aux conditions d'admission des sociétaires, à leurs droits dans la société, au tarif de répartition des bénéfices, au choix des administrateurs, à la constitution de la caisse de retraites et de la société de secours mutuels, enfin aux pouvoirs de l'assemblée générale elle-même ; en un mot, sur tous les points où l'élément *capital* pourrait avoir intérêt à modifier quelque chose à son profit dans l'organisation de la société.

La nécessité de l'unanimité des voix a été l'obstacle qu'on lui a opposé et le moyen par lequel la société s'est efforcée, dans la mesure du possible, de se perpétuer sous la forme qu'elle s'était donnée.

Sont-ce là des précautions suffisamment efficaces?

L'expérience a encore trop peu duré pour qu'on puisse répondre à cette question d'une façon certaine. Il est permis d'espérer cependant qu'en présence de mesures aussi sévères, l'avenir ne démentira pas les prévisions des fondateurs et que les travailleurs resteront les maîtres absolus de la société qu'ils ont fondée.

Mais, même sans envisager le cas où l'événement ne justifierait pas ces prévisions, et dans l'état actuel des choses, on a pu se demander si les modifications apportées aux statuts n'avaient point changé le caractère de la société, au point de lui faire perdre, dans une certaine mesure, le caractère coopératif. La question s'est posée au lendemain même de la constitution de la nouvelle société.

En effet, l'association *Le Travail* sous son ancienne forme, était l'une des associations adhérentes à la *Chambre consultative des associations ouvrières de production*, fédération dont nous étudierons plus loin le fonctionnement. Or l'article 5 des statuts de la *Chambre consultative* spécifie que, pour être admise comme adhérente à la chambre, chaque association ouvrière doit nécessairement remplir certaines conditions et justifier notamment qu'elle n'est composée que d'ouvriers.

La société *Le Travail*, avec la forme nouvelle qu'elle avait adoptée, pouvait-elle être considérée comme remplissant ces conditions ? Une partie des associations adhérentes ne le pensait pas et estimait que le seul fait d'avoir fait appel à un capital-action qui n'émanait pas des ouvriers de l'entreprise, ou tout au moins de la classe ouvrière, devait forcément conduire à l'exclusion du sein de la chambre consultative, de la société qui avait admis cette dérogation aux règles coopératives.

Ce fut l'occasion de luttes extrêmement vives au sein de la *Chambre consultative*; mais enfin la nouvelle société finit par l'emporter et par obtenir son maintien sur la liste des sociétés adhérentes. C'était la reconnaissance que la société, malgré la modification qu'elle avait fait subir au principe en vertu duquel elle s'était constituée, n'en restait pas moins une société coopérative.

Nous estimons qu'il a été équitable de s'arrêter à cette solution. En effet, en admettant cette transformation, la société n'avait fait qu'obéir à une nécessité, à laquelle devront tôt ou tard se soumettre les coopératives qui, tout en restant isolées des autres organisations ouvrières, voudront cependant étendre le cercle de leurs affaires.

De plus, en dehors de cette considération, et au point de vue purement théorique, il ne faut pas faire du principe coopératif un point de vue trop étroit.

La coopération comporte une association entre le travail et le capital, dans laquelle chacun des deux éléments doit avoir sa part. C'était là le type même de *l'association intégrale* de Fourier. Si les coopérateurs ont voulu, d'autre part, que le capital provînt tout entier des épargnes de la classe ouvrière, c'est qu'il leur paraissait indispensable qu'il en fût ainsi, pour que les travailleurs ne lui fussent pas soumis et parce qu'il leur paraissait impossible de trouver, ailleurs que chez les ouvriers eux-mêmes, des capitaux qui se contentassent d'être leurs auxiliaires, sans aspirer à devenir leurs maîtres. Ce n'était qu'un moyen et non un but.

La forme imaginée par la société *Le Travail* constitue un autre moyen, moins radical, mais dont on ne peut cependant méconnaître l'utilité. L'association, sous cette forme, reste coopérative, parce qu'elle est, pour une part, la copropriété des ouvriers de l'entreprise qui ont une part prépondérante dans la direction et une part, au moins égale à celle du capital, dans la répartition du bénéfice.

∴

L'initiative prise par la société *Le Travail* n'est pas restée isolée et un certain nombre d'autres sociétés sont entrées dans la voie qu'elle avait tracée. Nous pouvons citer notamment la société *La Menuiserie Moderne*, 101, rue Marcadet à Paris qui, fondée en 1892, a subi en 1898 la même transformation que la société *Le Travail*.

Ajoutons encore la société *La Sparterie*, association coopérative d'ouvriers fabricants de tapis en fibres végétales, fondée sous la même forme au capital de 25.000 fr., et qui offre cette particularité, qu'au lieu d'avoir, comme les deux précédentes sociétés, adopté cette forme après un certain nombre d'années d'existence et de prospérité, dans le but d'étendre le cercle de ses affaires, elle a adopté cette forme au début même de son fonctionnement, après avoir constaté que le petit nombre des sociétaires qu'elle avait pu réunir ne pouvait lui apporter, pour constituer son outillage, qu'un capital tout à fait insuffisant. Elle a fait appel au capital-action étranger, bien qu'elle ne présentât pas d'autre garantie que celle de la bonne volonté de ses membres.

Les deux dernières sociétés *La Menuiserie Moderne* et *La Sparterie*, en s'appropriant la forme nouvelle inventée par la société *Le Travail* ne l'ont pas cependant copiée dans tous ses détails. Comme elles avaient un capital moins considérable, qu'elles étaient moins riches et que par conséquent elles devaient moins craindre la cupidité des capitalistes, elles se sont moins préoccupées de se prémunir contre les empiétements possibles des actionnaires non sociétaires dans la direction de la société, et ont préféré chercher davantage à attirer les capitalistes, en leur réservant une part d'influence plus grande et en se montrant moins défiantes vis-à-vis d'eux. Au lieu que, comme nous l'avons vu, dans la société *Le Travail*, toutes les décisions en ce qui touche la constitution de la société, ne peuvent être prises que par l'unanimité des actionnaires, les statuts de *La Me-*

nuiserie Moderne et de *La Sparterie* se sont contentés de poser cette règle assez vague, que les modifications qu'il est au pouvoir de l'assemblée générale de faire subir à la société à la majorité des voix, pourront bien porter sur l'objet même de la société, mais sans pouvoir toutefois le changer complètement et l'altérer dans son essence.

C'est là une aggravation notable du danger que nous signalions tout à l'heure à propos de la société *Le Travail*, et c'est la quasi-certitude de voir, au jour où les affaires de la société auront acquis une certaine étendue, et sa situation une certaine prospérité, la société en arriver peu à peu à la forme d'une assemblée d'actionnaires ordinaires et les ouvriers se trouver exclus des avantages qu'ils avaient entendu se réserver.

Là est aussi le véritable inconvénient de la modification apportée par la société *Le Travail* au principe coopératif. Tant que les associations coopératives qui adopteront cette forme, auront la sagesse de prendre des mesures de protection suffisantes pour se prémunir contre les empiétements possibles du capital, elles pourront rester coopératives ; mais du jour où le désir d'attirer des capitaux nombreux, leur aura fait accorder des faveurs de plus en plus grandes aux actionnaires et négliger les précautions de prudence à leur égard, on peut être assuré que ces associations se transformeront tôt ou tard, dans le cas de succès, en entreprises capitalistes ordinaires.

Avec cette dernière forme de société coopérative, nous avons terminé l'étude des divers moyens que les associations coopératives ont employés pour lutter contre l'insuffisance de capital qui est la première difficulté à laquelle elles se heurtent, et les divers types qu'elles ont été amenées à adopter par suite de cette difficulté. Il nous reste maintenant à étudier, en ce qui concerne le capital social, les institutions qui ont pour but, en dehors des associations coopératives elles-mêmes, de remédier à son insuffisance, en procurant aux associations le crédit dont elles ont besoin.

CHAPITRE V

LES INSTITUTIONS DE CRÉDIT DESTINÉES A SUPPLÉER A L'IN-
SUFFISANCE DU CAPITAL DES ASSOCIATIONS DE PRODUC-
TION.

§ 1

Les associations ouvrières de production ne peuvent,
lorsque l'insuffisance de leur capital social se fait sentir,
lorsqu'elles ont besoin d'argent disponible, faire appel
aux institutions de crédit ordinaires. En effet, à part
de très rares exceptions, elles n'offrent pas une garantie
de solvabilité suffisante, et les prêteurs sérieux hésite-
ront à leur confier les sommes dont ils peuvent disposer.
D'autre part, quand cependant elles seront arrivées à
trouver prêteur, le taux de l'intérêt que l'on exigera
d'elles sera en général, justement à cause des risques
particuliers qu'elles offrent, très élevé. Il en sera ainsi
non seulement en ce qui concerne les prêts à longue
échéance, mais même en ce qui regarde l'escompte du
papier qu'elles peuvent avoir en portefeuille.

D'un autre côté, les associations ont d'autant plus besoin de crédit, qu'elles ont généralement pour principaux
clients l'État, les Administrations et les Villes, qui leur
font attendre quelquefois fort longtemps les sommes
qui leur sont dues (1).

(1) V. *infrà*, chap. VIII.

La nécessité s'imposait donc, à ce double point de vue, pour les associations coopératives, d'organiser des institutions de crédit particulières, des banques coopératives.

La première banque coopérative fut, comme nous l'avons dit au cours de notre exposé du développement coopératif, fondée en 1863 sous le nom de *Crédit au travail*.

Elle avait un double caractère et un double but.

Elle devait d'abord être une banque de prêt destinée à consentir des prêts à longs termes aux associations qui auraient déjà donné des preuves de leur valeur. On ne voulait pas, en effet, que le capital prêté servît à fonder la société, on voulait qu'il n'arrivât que comme capital d'appoint, destiné à faciliter aux associations coopératives le passage des diverses crises qu'elles pouvaient avoir à traverser.

En second lieu le *Crédit au travail* devait faire l'escompte des effets de commerce souscrits au profit des associations coopératives.

Le *Crédit au travail* avait débuté avec un capital extrèmement restreint : 20.120 francs avaient été souscrits par 172 associés, mais 4.082 francs seulement avaient pu être versés. Mais la nouvelle banque rencontra la faveur de l'opinion publique et prospéra si rapidement qu'au bout de 6 mois elle comptait plus de 350 associés et que le capital souscrit s'élevait à 60.000 francs.

Aussi l'exemple qu'elle avait donné fut-il rapidement suivi, et des banques de même nature s'établirent à Lyon en 1865, puis à Lille et à Saint-Etienne.

A Paris, M. Léon Walras et M. Léon Say fondaient la *Caisse d'escompte des associations populaires* qui, malgré son nom, avait en réalité pour but de favoriser la création des sociétés coopératives, en mettant à leur disposition les premiers fonds nécessaires à leur constitution.

Quelques années après, le gouvernement fondait, sous le patronage de l'Empereur, la *Banque des associations coopératives*, qui débutait avec un capital de près de 1 million dont 500.000 francs avaient été souscrits personnellement par l'Empereur.

Cette dernière banque donna d'ailleurs peu de résultats pratiques. Elle se montra trop difficile en ce qui concernait les garanties qu'elle exigeait des associations qui lui demandaient des prêts, si bien que sa création resta à peu près sans effet, et qu'après quelques années d'une existence purement nominale, elle disparut.

Sa chute ne devait pas précéder de longtemps la chute des autres banques coopératives.

En effet, le *Crédit au travail* s'était montré si généreux à l'égard des associations ouvrières qu'il avait immobilisé presque complètement tout son capital social dans des prêts trop nombreux et trop élevés. C'est ainsi, qu'alors que le capital dont il disposait s'élevait à 287.000 francs, il avait consenti à une seule société, celle des *Fabricants de boulons et fondeurs réunis*, une série de prêts dont le total s'élevait à plus de 200.000 fr. Avec de tels procédés le *Crédit au travail* devait en arriver forcément à ne plus pouvoir faire face à ses échéances. Sur les sociétés auxquelles il avait consenti des prêts, quelques-unes, les moins nombreuses, avaient rendu, d'autres avaient disparu, mais le plus grand nombre, tout en continuant à vivre et souvent à prospérer, ne pouvait s'acquitter qu'à long terme. Le *Crédit au travail* fut obligé de suspendre ses paiements et le trib unal de commerce prononça sa faillite dans des conditions qui en faisaient un vrai désastre financier.

Presque immédiatement après, la *Caisse d'escompte des Associations populaires* de M. Walras succombait à son tour et exactement pour les mêmes raisons.

Les efforts tentés pour la reconstitution du *Crédit au travail* furent vains. Les capitaux avaient perdu confiance et les appels qui leur furent adressés restèrent sans écho.

∴

Il faut arriver jusqu'à ces dernières années pour rencontrer un nouvel essai de banque coopérative. Lors de l'organisation du *Crédit au travail*, c'était la fondation de cette banque coopérative qui avait été l'occasion d'un nouvel essor des associations coopératives, tandis que la nouvelle banque devait, au contraire, être le résultat d'un mouvement commencé bien avant son apparition. Ce sont les besoins de crédit qu'éprouvaient les associations antérieurement existantes qui ramenèrent au jour l'idée d'une banque coopérative.

Les associations ouvrières ne trouvaient guère, en effet, de crédit qu'au Crédit foncier. C'était la seule institution qui, à raison d'une convention particulière, qui lui avait été imposée par le gouvernement, leur fit des avances sur le montant des travaux en cours. Mais le taux auquel ces avances étaient consenties rendait cette forme de prêts extrèmement onéreuse pour les associations ouvrières.

Si, en effet, ce taux n'était nominalement que de 4 1/2 0/0, il était élevé de beaucoup par les formalités que les associations coopératives étaient obligées de remplir afin de garantir leur prêteur. En effet, le Crédit foncier exigeait d'elles qu'elles lui fissent le transport de leurs créances. Or, tout transport est soumis à l'enregistrement au droit de 1 fr. 25 0/0 ; il faut ajouter encore à ces frais, les frais de signification qui sont les mêmes, que la somme transportée soit petite ou grande, les frais de mainlevée qui sont aussi les mêmes ; si bien que le taux réel de l'intérêt finissait par s'élever pour les petits emprunts jusqu'à 14 et 16 0/0 et que, pour les emprunts plus importants, il s'abaissait à peine à 8 ou 8 1/2.

C'est pour remédier à cet inconvénient que fut fondée, au mois de juin 1896, la *Banque coopérative des associations ouvrières de production de France*.

La Banque était fondée pour 30 ans et établie au

siège d'la *Chambre consultative des associations de production* sur l'initiative et sous les auspices de laquelle elle avait été fondée.

Elle était établie au capital de 30.000 francs, représenté par des actions nominatives de 100 francs chacune, qui ne pouvaient être possédées que par les directeurs, gérants ou administrateurs délégués qui avaient souscrit le capital initial pour permettre la constitution de la Banque, et, en dehors d'eux, que par les sociétés coopératives de production légalement constituées et dont les statuts ne contiendraient rien de contraire aux principes posés par la Chambre consultative. Enfin, en dernier lieu, pouvaient encore être actionnaires, les représentants de ces sociétés coopératives qui seraient ensuite désignés pour faire partie du conseil des fondateurs de la Banque coopérative.

Sur le capital souscrit de 30.000 francs, 10.000 fr. avaient été immédiatement versés. C'était là un capital beaucoup trop faible pour qu'il pût être réellement utile à la coopération, mais il fut rapidement augmenté. D'abord par l'attribution d'une subvention de 50.000 fr. accordée par l'État et prise sur le fonds de subvention inscrit au budget depuis 1893 en faveur des associations ouvrières de production, puis par des dons anonymes (1),

______

(1) Ces dons étaient dus à la générosité d'un simple particulier, disciple de Fourier, qui a fait fortune en Amérique et qui, parvenu à la vieillesse, vit aujourd'hui à Paris dans la plus modeste retraite. Il a désiré garder l'anonyme. Gide, *loc. cit.*, p. 25.

l'un de 50.000, l'autre de 100.000 francs si bien qu'il
put être porté à 500.000 francs.

L'article 1ᵉʳ des statuts définit ainsi le but de cette société. Elle doit « procurer aux associations ouvrières
de production, aux meilleures conditions possibles, le
crédit dont elles pourraient avoir besoin pour leurs entreprises commerciales et industrielles ».

Les prêts sont consentis dans des conditions diverses.
La banque prête d'abord sur fournitures ou travaux
en cours. C'était ce que faisait auparavant le Crédit foncier ; c'est ce que fait également, et à peu près depuis
l'époque de la fondation de la banque, le *Sous-comptoir
des entrepreneurs* au Crédit foncier, dans des conditions
moins onéreuses que les siennes. Les avances consenties par la banque de ce chef, depuis l'époque de sa
fondation, jusqu'à la fin de 1895 se sont élevées à
12,000 francs. Elles semblent avoir en ces dernières
années une certaine tendance à diminuer, les associations ouvrières s'adressant volontiers, en ce qui concerne
ce genre de prêt, au *Sous-comptoir des entrepreneurs* qui
leur fait des conditions assez favorables.

Il faut rapprocher de cette catégorie de prêts, les ou-
vertures de crédit sur marchés. Lorsqu'une association
coopérative de production a passé soit avec l'Etat, soit
avec une ville, soit avec un particulier offrant des garanties de solvabilité suffisante, un marché de travaux, la banque, avant même que les travaux ne soient
commencés et sur le vu de ce marché, consent une

avance, de façon à permettre à l'association l'achat des matières premières nécessaires à la mise en train du travail soumissionné.

A cette même catégorie se rattachent encore les prêts consentis pour dépôt de cautionnements, lorsqu'une garantie de cette nature est exigée de la part d'une association pour lui permettre de concourir à une entreprise.

En dehors de ces différentes espèces de prêts, la banque consent encore des prêts à long terme dans le but d'augmenter la force productive des associations. Mais ces prêts ne sont accordés que dans des conditions spéciales. Les statuts ont expressément stipulé qu'ils ne devraient pas dépasser 1/10 du capital et du revenu de la banque. L'expérience malheureuse du *Crédit au travail*, et les conséquences fatales qu'avait entraînées pour lui un trop grand développement des prêts à long terme, a porté ses fruits, et la banque coopérative a sagement agi en prévenant le retour d'un pareil danger.

Ces prêts d'ailleurs, en ce qui concerne les associations auxquelles ils sont consentis, sont encore soumis à une autre limitation. Ils ne doivent pas s'élever à plus du quart du capital versé de l'association coopérative emprunteuse, ni être consentis pour une durée de plus de 5 ans. Ils doivent toujours en outre être remboursables par annuités.

La banque coopérative se charge enfin, comme dernier genre de prêt, d'escompter les effets de commerce des associations coopératives de production. Son importance, en ce qui concerne cette forme de crédit, a même été en croissant chaque année depuis sa fondation. C'est ainsi que, dans les premières années, l'escompte n'entrait que pour 25 0/0 en 1894 et 38 0/0 en 1895 dans le total des opérations de la banque, tandis qu'au cours des années suivantes, elle s'est élevée jusqu'à 43 0/0.

La banque constitue elle-même une association coopérative dont nous allons étudier le fonctionnement.

Comme le capital tout entier est fourni par les représentants de la classe ouvrière, la direction de l'association est aussi tout entière entre leurs mains.

La banque est en effet administrée par un conseil de 7 membres élus pour quatre ans par l'assemblée générale des actionnaires et choisis parmi eux, sous la seule condition qu'ils possèdent au moins 5 actions de la banque.

Ce conseil qui est pourvu d'attributions très étendues, est chargé notamment de déterminer le taux auquel seront consentis les prêts.

Il choisit, soit dans son sein, soit hors de la société, le directeur qui exerce le pouvoir exécutif.

Au-dessus de ce directeur et de ce conseil d'administration se trouve l'assemblée générale des actionnaires, qui se compose de tous les sociétaires quel que soit le nombre de leurs actions. Aucun d'eux, soit société, soit administrateur, ne peut posséder plus de 20 actions. Chaque sociétaire n'a qu'une voix et ne peut la déléguer.

Comme on le voit, les fondateurs de la *Banque coopérative* ont tenu à donner à l'administration de la banque la base la plus largement démocratique.

Le directeur, le conseil d'administration et l'assemblée générale, constituent l'administration centrale ; il faut encore y joindre une *commission de contrôle* composée de 3 membres, chargés de dresser sur les opérations financières de la société un rapport qui est soumis à l'assemblée générale.

En outre, comme nous l'avons déjà rencontré dans la société *Le Travail*, il existe en dehors de cette administration proprement dite, un organe spécial, appelé le *conseil des fondateurs*, chargé d'assurer la stabilité et si possible la perpétuité de l'association. Il est placé au-dessus de l'association elle-même et n'a pas le droit de s'immiscer dans ses affaires ; il peut seulement faire entendre sa voix au sein du conseil d'administration par l'organe d'un délégué, qu'il charge de faire connaître son avis sur toute question importante susceptible d'influer et sur la marche et sur l'avenir de la banque.

En outre, il possède, à l'égard des décisions prises par l'assemblée générale, un droit de *veto* suspensif pour toute décision qui lui semble de nature à faire sortir la société de la voie qui lui a été tracée par ses fondateurs, et il a le droit de convoquer une autre assemblée générale qui devra se prononcer sur la même question.

Si, malgré ces précautions, il s'élève un conflit « que le bon sens ou la raison ne parviendrait pas à aplanir », si la seconde assemblée générale s'obstine, contrairement à l'avis du *conseil des fondateurs*, le dernier mot devra rester à ce conseil qui pourra, après avoir mis en œuvre tous les moyens que lui confèrent les statuts et la loi, demander aux tribunaux la dissolution de la société.

Enfin, ce *conseil des fondateurs* est chargé de trancher amiablement tout litige qui pourrait surgir entre associés ou entre la société et un de ses membres, de façon à constituer une sorte de conseil arbitral supérieur de la coopération.

Ce sont là des mesures extrêmement sages et qui paraissent de nature à assurer la prospérité de la banque coopérative et à empêcher qu'elle ne tombe dans les défauts qui ont amené la chute des institutions antérieures de même nature. .

Un dernier point à examiner en ce qui concerne l'organisation de la banque coopérative, c'est la façon dont sont répartis les bénéfices qui proviennent de ses opérations. Ces bénéfices sont d'ailleurs assez modestes. En effet, à raison de ses origines mêmes, elle se considère plutôt comme une institution philanthropique que comme une institution de crédit, et prend davantage à tâche de rendre des services que de faire des affaires.

Le capital reçoit un intérêt dont le taux est déterminé chaque année par le conseil d'administration , mais qui ne doit jamais excéder 5 0/0. Cet intérêt est prélevé à titre de charge sociale.

En dehors de cet intérêt et en ce qui concerne les bénéfices proprement dits, 10 0/0 vont à la réserve ordinaire jusqu'au moment où elle aura atteint le chiffre du capital social minimum, c'est-à-dire 30.000 francs, et seront ensuite reportés à la réserve extraordinaire, ou bien serviront à faire des prêts à longs termes ; 50 0/0 servent à constituer une réserve extraordinaire destinée à faire face aux pertes inévitables et à augmenter le fonds de roulement de la banque ; 20 0/0 sont attribués aux actionnaires à titre de dividende, et servent quand les actions ne sont pas libérées à éteindre progressivement la dette de chacun d'eux jusqu'à libération complète ; 10 0/0 sont alloués aux employés, sans que jamais la part qui leur est attribuée puisse dépasser le huitième de leur salaire ; enfin les 10 0/0 restant servent à constituer une caisse de secours tendant à deux buts, d'une part à permettre de secourir les sociétaires, le personnel et leurs familles dans le cas de maladie ou d'accident, d'autre part, d'une façon plus étendue, à permettre à la société de s'associer aux œuvres philanthropiques et de bienfaisance lui paraissant mériter l'appui de la coopération.

Les résultats du fonctionnement de cette institution ont été satisfaisants.

Le nombre d'associations qui se sont adressées à la banque coopérative a été de 47 en 1894, de 60 en 1895 et de 56 en 1896, qui ont occasionné pour 1896 un total d'affaires de 1.068.428 francs.

Les pertes subies sur les sommes prêtées se sont élevées à 17.059 francs, par suite de la dissolution ou de la mise en liquidation de quelques-unes des sociétés auxquelles des avances avaient été faites. La banque a ainsi perdu 7.500 francs qu'elle avait prêtés à la *Verrerie ouvrière de Rive-de-Gier*, c'est là sa plus grosse perte. De là vient que, malgré des bénéfices bruts assez considérables, la banque s'est trouvée en 1896 en déficit de quelques milliers de francs.

Malgré cela, on peut cependant considérer sa situation comme assez prospère, et estimer que la banque coopérative est appelée à rendre de grands services aux associations ouvrières de production.

§ 2

En dehors de la *Banque coopérative des associations de production*, il existe, pour ce qui concerne spécialement les associations ouvrières ayant leur siège à Paris, une institution de crédit d'une nature tout à fait particulière ; nous voulons parler du service des prêts aux associations de production, faits par la Ville de Paris, à l'aide des sommes qui lui ont été léguées à cet usage par M. Benjamin Rampal (1).

Les fonds du legs Rampal constituent, en effet, à

(1) Voir *supra*, chap. 2.

l'égard des associations coopératives une sorte de banque gérée par la Ville de Paris ; les sommes accordées aux associations ouvrières ne le sont pas à titre de subventions, mais à titre de prêts et à des sociétés qui doivent fournir des garanties comme si elles s'adressaient à une institution de crédit ordinaire.

Ces prêts ne sont accordés que suivant certaines conditions, les unes émanant du testateur lui-même, les autres imposées par la Ville de Paris.

En ce qui concerne celles qui émanent de M. Rampal, les plus notables sont que les prêts ne peuvent être consentis pour une durée excédant 9 années, et que le remboursement en devient exigible, si les sociétés auxquelles ils ont été consentis viennent à perdre un tiers de leur capital social.

Mais pour assurer la bonne exécution du legs, la Ville de Paris a ajouté un certain nombre d'autres conditions.

Il y a tout d'abord un inconvénient à éviter, c'est que les fonds attribués ne servent d'appât et n'attirent à la coopération des coopérateurs novices qui fonderaient grâce aux sommes ainsi reçues, des associations coopératives vouées d'avance à l'insuccès. Aussi a-t-il été expressément stipulé, que, pour qu'une association puisse s'adresser à la Ville de Paris et bénéficier des avantages du legs Rampal, il faut qu'elle ait déjà quelques années d'existence et de fonctionnement. Il faut, en outre, qu'elle soit déjà en possession d'un capital effectif lui appartenant en propre, puisque dans aucun cas, le montant des prêts qui peuvent lui être faits ne peut excéder la moitié de ce capital.

Les prêts sont faits au taux extrêmement modéré de 3 0/0 et consentis seulement, pour une période de 13 ans, qui peut d'ailleurs être prorogée sur demande spéciale de la société emprunteuse, jusqu'à une durée maxima de 9 ans, conformément au vœu du testateur.

Enfin, la société qui emprunte, doit non seulement, conformément à une condition imposée par M. Rampal, fournir un bilan tous les trois mois, elle doit aussi s'engager à laisser les agents de l'Administration pénétrer à toute réquisition dans ses bureaux et prendre connaissance des livres et de la comptabilité.

Si les fonds du legs Rampal offrent quelque analogie avec ceux qui sont mis à la disposition des coopérateurs par une banque coopérative, ils ont sur eux cet avantage de pouvoir servir à porter secours à des situations plus embarrassées et plus difficiles. La Ville de Paris peut en effet, accorder plus d'importance à la valeur personnelle de ceux qui demandent un emprunt, qu'une banque, même coopérative, qui doit toujours, dans son intérêt même, exiger des garanties plus réelles que personnelles. Aussi les prêts accordés sur le legs Rampal ont-ils, davantage que ceux qui sont faits par les banques coopératives, le caractère de prêts de secours, ayant surtout pour but de permettre à une association de sortir d'une crise difficile et d'attendre le rétablissement de ses affaires.

Ce caractère des prêts consentis par la Ville de Paris sur le fonds du legs Rampal, a donné naissance dans les premières années du fonctionnement de cette institution à quelques déboires.

En effet, d'après les renseignements fournis par la préfecture de la Seine et recueillis dans l'enquête de l'Office du travail, sur 277.900 francs de prêts consentis à diverses sociétés pendant l'année 1883, première année où l'on commença à disposer des fonds Rampal en faveur de la coopération, 163.850 francs furent perdus. L'année suivante, le déficit fut encore énorme : sur 140.708 francs de prêts, 31.461 francs furent encore perdus. Devant ces résultats, les prêts qui avaient d'abord été consentis avec la plus grande libéralité, puisque la première année, il en avait été fait 27, sont devenus de moins en moins nombreux. Pendant chacune des deux années 1887 et 1889, il n'y a eu qu'un seul prêt, la première année de 3.000 francs et la seconde année de 6.000 francs ; en 1888, le legs Rampal n'a fourni aucun prêt (1). Sur cette somme totale de 9.000 francs, 8.135 francs furent remboursés. En 1890, la Ville prête 65.800 francs, sur lesquels il lui a été remboursé 64.341 francs. Enfin de 1890 au 1ᵉʳ janvier 1899 elle a prêté 605.000 francs sur lesquels il lui a été remboursé 585.500 francs. La différence soit 19.500 représente une perte occasionnée par la faillite d'une seule société, l'*Espérance du Bâtiment.*

(1) Les renseignements suivants sont empruntés à M. Gide, *Rev. d'Éc. pol.*, janvier 1900.

On peut dire que, sauf cette exception, tous les prêts consentis par la Ville pendant ces huit dernières années ont été remboursés ou s'annoncent comme devant l'être, avec une grande régularité. Les versements des annuités et les remboursements partiels sont, en effet, opérés très exactement, quelquefois même par anticipation. Deux associations, celle des *ferblantiers* et celle des *tapissiers* qui en 1898 avaient emprunté. la première 55.000 francs, la seconde 12.000 francs. avaient déjà remboursé au 31 décembre 1898, l'une 25.000 francs et l'autre 11.000 francs.

En résumé, depuis 15 ans la Ville de Paris a prêté 1.121.000 francs et elle a perdu en tout 220.000 francs, mais cette perte est presque tout entière imputable aux trois ou quatre premières années et elle est partiellement compensée par 80.000 francs d'intérêts que la Ville a touchés depuis le début.

Il faut noter que le legs Rampal qui avait été fait non seulement en faveur des associations coopératives de production, mais aussi de celles de consommation et de crédit, a profité presque uniquement aux sociétés de production. Sur le total de 1.121.000 de francs, prêté depuis 1883 jusqu'à 1899, près de 1.000.000 de francs ont été empruntés par des sociétés de production, tant il est vrai que c'est surtout à leur égard que se fait sentir la nécessité du crédit.

Les prêts consentis par la Ville de Paris sur les fonds du legs Rampal sont. en général, assez élevés, c'est ainsi que l'*Association des charpentiers de la Villette* a touché en une seule fois une somme de 40.000 francs, celle de l'*Eclairage moderne* une somme de 30.000 fr., l'*Association des ouvriers facteurs d'instruments de musique* une somme de 30.000 francs, etc. La plupart des associations qui ont bénéficié de ces prêts sont les associations les plus anciennes et les plus prospères, qui ont trouvé là un procédé de crédit commode et peu onéreux, lorsque leur situation les forçait à contracter de gros emprunts. C'est au legs Rampal que la société *Le Travail* s'est adressée, lorsqu'elle a voulu trouver les fonds nécessaires à l'achat de l'immeuble qu'elle occupait. C'est justement pour ces prêts faits à un titre un peu exceptionnel, que le fonds du legs Rampal garde sa place et son utilité à côté de la Banque coopérative, dont les prêts ont surtout pour but de parer aux nécessités journalières et de fournir aux associations coopératives de production le capital courant.

L'expérience tentée par M. Rampal semble donc bien avoir été couronnée de succès, et prouver que, contrairement à ce qui a été soutenu par certains économistes, les prêts, accordés à des associations coopératives par l'État ou des fondations philanthropiques, peuvent rendre de grands services à la cause coopérative.

CHAPITRE VI

L'ORGANISATION DE LA MAIN-D'ŒUVRE ET DE LA DIRECTION DANS LES ASSOCIATIONS COOPÉRATIVES.

§ 1

Les difficultés relatives à la constitution du capital social sont de beaucoup les plus considérables de celles auxquelles se heurte l'organisation des sociétés coopératives de production, et celles qui sont de nature à modifier le plus profondément et des manières les plus diverses les formes sous lesquelles elles se fondent. Mais en dehors de ces difficultés, il en existe d'autres, relatives à l'organisation des deux autres éléments de la production, la main-d'œuvre et la direction, qui ont aussi leur importance.

Sans doute ces difficultés sont moins nombreuses, et en apparence plus faciles à vaincre, puisque la société n'a plus là à compter avec un élément dont elle ne dispose pas entièrement et qu'elle sera souvent obligée d'aller chercher en dehors d'elle, et qu'elles peuvent se résoudre par de simples modifications dans l'organisation intérieure. Il n'en est pas moins vrai que quelques-unes de ces difficultés, surtout celles qui sont relatives à la direction, ont amené la chute d'un certain nombre de sociétés coopératives de production et que les associations qui subsistent éprouvent une certaine difficulté à surmonter ces difficultés.

Nous allons étudier successivement les divers moyens qu'elles ont employés pour arriver à franchir ces obstacles.

Examinons tout d'abord ce qui concerne l'organisation du travail et de la main-d'œuvre.

Il semble que dans une société constituée dans l'unique but d'améliorer le sort des travailleurs et de leur assurer le produit intégral de leur travail, il ne puisse s'élever aucune difficulté spéciale suscitée par cet élément de la production.

Il n'en est pourtant point ainsi. Nous avons déjà rencontré en étudiant la société que nous avons considérée comme constituant dans toute sa pureté le type de la coopérative de production (1), la difficulté à laquelle se heurtent, en ce qui concerne l'organisation de la main-d'œuvre, les associations d'ouvriers producteurs.

L'idéal, ce serait que tous les sociétaires fussent occupés par la société, et que la société n'occupât que ses sociétaires. Il est évident que dans ces conditions, aucune difficulté ne pourrait s'élever, ni en ce qui concerne l'organisation de la main-d'œuvre proprement dite, ni en ce qui touche le partage des bénéfices entre les travailleurs. Mais il ne peut comme nous l'avons

(1) Voir *supra* chap. III, l'étude de la société *La Lithographie parisienne.*

vu en être ainsi, et dans la pratique une série de questions se pose.

1° Tout d'abord, lorsqu'un ouvrier ayant travaillé pour le compte de l'association coopérative, étant devenu sociétaire et possédant comme tel une part du capital social, vient pour une raison quelconque à quitter la société, quelle sera sa situation vis-à-vis de la société, et la situation de la société vis-à-vis de lui?

2° En second lieu, dans le cas où la société ne pourra pas employer tous les sociétaires, comment le travail dont elle peut disposer sera-t-il réparti entre eux?

3° Enfin, lorsque pour une raison quelconque, l'association sera obligée de faire appel à des travailleurs étrangers, dans quelles conditions ceux-ci seront-ils employés et quelle sera leur situation?

Telles sont les différentes questions que nous allons envisager.

.·.

1° Les raisons pour lesquelles un sociétaire peut cesser de faire partie de la société sont multiples : il en est ainsi tout d'abord en cas de décès, puis par suite d'exclusion, les statuts prévoyant toujours des cas où le membre indigne pourra être exclu de la société, enfin par suite de démission.

Dans le premier cas, la question se pose de savoir quelle sera la situation des héritiers, dans les autres cas, quelle sera la situation du membre lui-même vis-à-vis de la société dans laquelle il possède encore une part du capital social.

Comme les sociétés coopératives de production sont par excellence des sociétés de personnes, contractées uniquement ou presque uniquement *intuitu personæ*, les associés n'étant admis qu'en considération des qualités que leur ont reconnues leurs camarades, le membre qui cesse d'en faire partie personnellement, ne peut prétendre conserver une part d'influence sur la direction à raison des capitaux qu'il y possède.

La société ne peut plus dès lors conserver les capitaux qu'il lui a confiés. Et toutes les fois qu'un membre cessera de faire partie d'une association coopérative de production, cette association devra lui rembourser la part qu'il a acquise dans le capital.

Mais il y a là un danger, et en acceptant ce principe d'une façon absolue, une association coopérative pourrait voir son capital subitement réduit d'une fraction considérable par le départ simultané d'un grand nombre de ses associés. Aussi la plupart des sociétés qui pratiquent le remboursement du capital aux membres qui cessent de faire partie de l'association, ont-elles tempéré cette mesure, en décidant que le remboursement ne serait pas immédiat et que les échéances auxquelles il serait opéré seraient échelonnées sur un espace de temps plus ou moins long.

Les délais dans lesquels ce remboursement a lieu sont

d'ailleurs extrêmement divers. Ils varient entre 1 mois, comme dans la *Société coopérative des fabricants de sacs en papier*, et 5 ans comme dans celle des *Ouvriers selliers*. Pendant tout le temps durant lequel le remboursement n'est pas effectué, des intérêts sont naturellement servis, soit à 4, soit à 5 0/0 sur les sommes qui restent en possession de la société.

Certaines sociétés, en raison de circonstances particulières, fixent pour le remboursement un délai beaucoup plus long. C'est ainsi que la *Société coopérative des ouvriers facteurs de pianos*, qui date de 1849, et dans laquelle les parts des associés, d'ailleurs assez peu nombreux, sont considérables, le délai de remboursement est prolongé jusqu'à 20 ans.

Quelques sociétés fixent des délais différents, suivant que le sociétaire a cessé de faire partie de l'association par suite de décès, ou au contraire, par suite d'une des deux autres causes, démission ou exclusion. C'est ainsi que, en cas de décès, dans la société *les Charpentiers de la Villette*, les héritiers peuvent garder les actions pendant un temps indéterminé, l'association étant libre de les rembourser quand elle le veut, tandis qu'elle doit opérer ce remboursement dans le délai de 3 ans, en cas de démission ou d'exclusion.

Dans d'autres cas, comme dans la *Société des ouvriers ferblantiers*, la société, préoccupée surtout du danger que nous avons signalé de voir son capital brusquement diminué par le départ de plusieurs de ses membres, a adopté l'ordre inverse et rembourse dans les 6 mois, en cas de décès, dans le délai de 5 ans seulement dans les deux autres cas.

Dans une autre société, celle des *Ouvriers diamantaires de St-Claude*, la part de l'associé n'est remboursée que dans le cas de décès, dans les autres cas sa part est acquise à la société à titre de dommages-intérêts en raison du tort causé par le départ de l'associé.

Enfin, un dernier système est pratiqué par certaines associations comme l'*Association typographique lyonnaise*, où tous les membres qui quittent la société doivent déposer leurs actions entre les mains du conseil d'administration qui se charge d'en opérer le transfert à un sociétaire de son choix, et qui ne rembourse le montant à l'ancien sociétaire que lorsque ce transfert a été opéré.

A la difficulté principale de savoir quel sera le sort de la part possédée par l'associé exclu ou démissionnaire dans le capital social, se joint la difficulté accessoire de savoir le sort qui sera fait à la part de chaque associé qui quitte la société, dans la réserve ou dans la caisse des retraites. Cette part devra-t-elle être remboursée au sociétaire ou devra-t-elle au contraire faire retour à la société?

La plus grande partie des associations coopératives de production décident, et c'est là d'ailleurs la solution qui s'impose, que la réserve aussi bien que le fonds de retraite appartiennent à la société et non à chacun des membres, et que dès lors chaque membre ne peut venir en réclamer une part spéciale.

Tels sont les divers systèmes pratiqués par les sociétés coopératives pour régler la situation des sociétaires qui quittent l'association.

.·.

2° Nous arrivons maintenant à la seconde question que nous nous sommes posée. Dans le cas où la société coopérative de production ne peut fournir du travail à tous ses membres, comment le travail dont elle peut disposer sera-t-il réparti entre eux?

C'est là la situation habituelle des associations coopératives de production.

Toutefois, il en existe un certain nombre dans lesquelles il a été stipulé dans les statuts, que pour faire partie de la société, il serait nécessaire de travailler pour son compte. Pour ces sociétés, la question ne peut pas se poser. Mais c'est là une situation et une stipulation tout à fait exceptionnelle. Nous ne la trouvons que dans les sociétés anciennes et puissantes, à personnel sociétaire très restreint, et où chaque sociétaire possède un capital relativement très élevé. Il en est ainsi de la *Société des facteurs de pianos* dont nous avons déjà parlé.

D'autres sociétés, comme celle des *ébénistes*, qui a introduit cette clause dans ses statuts, existaient en fait, avant d'être constituées sous la forme légale de sociétés coopératives et ont trouvé tout formé dès le début le personnel dont elles avaient besoin.

Il faut signaler cependant parmi les sociétés à personnel plus 'étendu, certaines sociétés de *charpentiers* et de *menuisiers*, qui ont introduit dans leurs statuts la condition expresse qu'il faudrait pour être sociétaire travailler pour le compte de l'entreprise, et que ceux qui travailleraient ailleurs seraient remboursés de leurs actions dans un délai plus ou moins long. Cette condition s'explique par le fait que dans ces sociétés, la valeur de la main-d'œuvre par rapport à celle de la matière première employée est considérable, et que dès lors ces sociétés peuvent, même avec un capital restreint, employer un grand nombre d'ouvriers.

Enfin, la même clause a été introduite dans les statuts d'un certain nombre d'organisations coopératives qu'on fait rentrer d'ordinaire parmi les associations coopératives de production, nous voulons parler des *associations coopératives de cochers*, qui n'admettent elles aussi, comme sociétaires, que les cochers ou les employés de l'association. La chose s'explique d'elle-même par le genre de travail auquel se livrent ces organisations, et par ce fait que ces sociétés peuvent être considérées plutôt, étant donnée la quotité de la part initiale du capital dont elles exigent le versement, comme des associations de petits patrons que comme des associations d'ouvriers proprement dits.

Mais en dehors de ces associations spéciales, la grande

majorité des associations coopératives a été obligée
d'admettre que ses membres pourraient et devraient
travailler en dehors de l'entreprise sociétaire. Il y a, en
effet, à cela deux nécessités : d'une part, les associations
qui se fondent, débutent d'ordinaire dans des conditions
très modestes, et le petit nombre d'ouvriers qu'elles
peuvent employer ne réunit pas à lui seul assez d'épargnes pour constituer un capital suffisant à la mise en
train de l'entreprise. Nous avons vu que la plupart du
temps les sociétés coopératives devaient faire appel à
d'autres qu'à leurs membres. Quoi de plus naturel,
qu'en dehors des ouvriers qui travaillent effectivement
pour son compte, la société qui se fonde s'adresse à ceux
qui, le jour venu et les affaires de la société ayant prospéré, pourront compter au nombre de ses ouvriers.

D'autre part, les variations dans l'importance des
travaux à effectuer par la société impliquent nécessairement que ceux des ouvriers qui la veille auront travaillé
pour son compte, seront obligés le lendemain d'aller
chercher du travail ailleurs.

Quelles seront dès lors les règles d'après lesquelles
les sociétaires seront admis à travailler pour le compte
de la société, lorsque celle-ci ne pourra les occuper
tous ?

Plus la société est à forme démocratique, c'est-à-dire
moins elle facilitera la réception des nouveaux adhérents, plus il sera nécessaire que ces règles soient établies d'une façon précise.

C'est ainsi que dans l'*Association corporative des ouvriers tapissiers de Paris*, pour devenir actionnaire, il suffit de verser 1/10 d'une action de 50 francs, soit 5 fr., et d'autre part, il a été stipulé par les statuts, que toute demande faite par de nouveaux souscripteurs pour devenir actionnaires serait toujours agréée.

Le nombre des sociétaires était en 1895 de 122 alors que le nombre des ouvriers employés dans l'entreprise avait oscillé, pendant la même année, entre un maximum de 13 et un minimum de 2. Il a donc été nécessaire d'établir un règlement spécial sur la façon dont le travail serait attribué aux sociétaires, étant donné surtout que le salaire qui est payé aux ouvriers, en dehors même de toute participation aux bénéfices, est plus élevé que dans la grande majorité des ateliers patronaux.

A cet effet, un tableau et un livre d'inscriptions sont ouverts pour recevoir les demandes de travail, et les inscrits sont appelés à tour de rôle dans l'ordre d'inscription. Pour éviter les abus, et pour faire qu'autant que possible le travail dans l'atelier coopératif ne soit accordé qu'à ceux qui n'en auraient pas trouvé ailleurs, les inscriptions ne sont reçues que pendant les heures de travail. L'atelier coopératif prend ainsi le caractère d'un *atelier de chômage*.

Ce caractère se confirme encore, si l'on considère le temps pendant lequel chaque sociétaire peut travailler dans l'atelier coopératif. Chaque sociétaire ne peut travailler que pendant une période de 12 journées, non compris les dimanches, et il ne peut recommencer une autre période de 12 jours que si personne n'est inscrit et si le travail le permet.

Ce caractère et cette organisation spéciale procèdent surtout de ce que l'*Association des ouvriers tapissiers* constitue non seulement une association coopérative, mais encore une association corporative.

En dehors de cette association d'un genre spécial, les autres sociétés coopératives ont adopté différents moyens de résoudre le même problème.

Quelquefois, on essaie, quand le travail diminue, de garder le même nombre d'ouvriers, et pour cela, tantôt comme dans l'*Imprimerie Nouvelle* on réduit la durée de travail de tout l'atelier ; tantôt, lorsque l'association est assez riche et assez puissante et que les produits qu'elle fabrique sont d'un débit assuré, on utilise les périodes de chômage partiel en fabriquant des produits d'avance, c'est le cas de diverses associations d'*ébénisterie artistique* ; tantôt enfin, et c'est le cas le plus général, ceux des ouvriers qui peuvent trouver du travail ailleurs se placent et les heures de travail sont réduites pour ceux qui restent.

L'enquête de l'Office du travail a fait ressortir que la pratique de la réduction du nombre des heures de travail était plus courante en province, tandis qu'à Paris les coopérateurs cherchaient plus facilement à se placer ailleurs. Cela s'explique, parce qu'en province les coopéteurs sont plus connus et trouvent plus difficilement des occupations dans les ateliers patronaux concurrents.

Cette organisation de la main-d'œuvre devrait s'accompagner de mesures préventives contre le chômage ; mais les associations sont en général trop peu riches pour pouvoir en supporter les frais, et en dehors de deux caisses qui fournissent, en temps de chômage, des secours aux ouvriers de l'*Imprimerie lyonnaise* et à l'*Association coopérative des ouvriers menuisiers de Limoges*, l'enquête de l'Office du travail n'a pu relever aucune association coopérative qui se fût occupée spécialement de cette question.

∴

3° Nous allons maintenant envisager la situation inverse à laquelle a trait notre troisième question : lorsqu'une association coopérative de production a trop de travail pour les membres dont elle se compose et qu'elle est forcée de faire appel à des auxiliaires, quelle sera la situation de ces derniers ?

Le concours des auxiliaires est nécessaire aux sociétés coopératives à deux points de vue. En premier lieu, lorsque l'association ne peut avec ses seules forces suffire aux travaux dont elle est chargée ; en second lieu, les auxiliaires constituent en quelque sorte une école de coopération où la société recrutera plus tard les membres dont elle aura besoin.

Il en est ainsi, comme nous l'avons vu, non seulement

dans les associations coopératives fondées par l'initiative patronale, comme les entreprises Godin et Leclaire, mais dans des sociétés comme celle des ouvriers peintres *Le Travail*. C'est encore le cas de la *Société coopérative des Journaux officiels de la République française*, qui compte 190 auxiliaires pour 20 sociétaires. Pour ces sociétés il y a donc dans la situation d'auxiliaire une sorte de stage qui a son utilité pour ceux-là mêmes qui y sont soumis.

Mais pour que ce stage ait sa pleine utilité pour eux, et en même temps pour que l'association reste fidèle au principe sur lequel elle est établie, il est de toute évidence qu'il faut que les auxiliaires soient associés aux avantages retirés de la coopération, qu'ils participent aux bénéfices. Si l'association coopérative ne procède pas ainsi à l'égard de ses auxiliaires, elle constitue vis-à-vis d'eux non plus une association coopérative, mais une simple entreprise ordinaire qui ne diffère en rien des entreprises patronales.

Un grand nombre de sociétés ont pourtant, de propos délibéré, exclus complètement les auxiliaires qu'elles emploient, de toute participation aux bénéfices.

La plus typique à ce point de vue est celle des *lunetiers*. Cette société qui est une des plus anciennes de celles qui existent à l'heure actuelle, puisqu'elle fut fondée le 6 août 1849, est aussi une des plus prospères, puisque son chiffre d'affaires s'élève chaque année à plus de 1 million. Or cette société, primitivement formée entre 13 ouvriers lunettiers, compte aujourd'hui 65 *sociétaires* et 60 *adhérents*. Les *sociétaires* sont des travailleurs admis à ce titre après un « noviciat » fort prolongé, par l'assemblée générale des actionnaires. Les *adhérents* sont admis de la même façon, mais ne participent pas comme les *sociétaires* à la direction de l'entreprise.

Ces deux catégories d'associés sont les seules qui aient droit à une part dans les bénéfices.

Or, en dehors de ces 125 personnes, la *Société industrielle et commerciale des lunettiers* occupe un nombre d'auxiliaires variant entre 1350 et 1400, composé d'environ 200 employés et 1150 à 1200 ouvriers, qui non seulement n'ont aucune part à la direction, mais ne participent en aucune façon dans les bénéfices.

Tous les bénéfices en effet, qui sont considérables, sont partagés entre les *associés* et les *adhérents* proportionnellement, d'une part au capital versé par eux, d'autre part, au nombre d'heures de travail qu'ils ont effectuées pour la société. Mais en ce qui concerne les *adhérents*, les statuts ont stipulé que la part qui leur serait attribuée de ce second chef, ne pourrait en aucun cas être supérieure à 2.600 francs et que si elle était supérieure, l'excédent serait reversé comme part supplémentaire pour le capital.

Si l'on ajoute, que pour devenir *sociétaire* il faut verser un capital de 30.000 francs, et pour être *adhérent* une somme de 5.000 francs, on voit combien une pareille société s'est éloignée du principe dont elle est partie, et combien elle diffère peu d'une société d'actionnaires ordinaires.

Sans doute, en principe, elle reste bien coopérative, en ce sens que tous les travailleurs peuvent aspirer à devenir sociétaires un jour, puisque l'apport aussi bien pour les sociétaires que pour les adhérents se réalise par une retenue sur le salaire et sur les bénéfices. Mais, en fait, cette société dont le capital de 2.200.000 francs appartient à un tout petit nombre d'actionnaires qui se recrutent par cooptation, tend à rendre les conditions d'admission de plus en plus difficiles de façon à diminuer de plus en plus le nombre de ceux entre lesquels se partageront les bénéfices. Plus les affaires de la société s'étendront, moins la société sera en réalité coopérative, et il en sera ainsi forcément toutes les fois qu'une société coopérative ne posera pas en principe que tous les travailleurs, sociétaires ou non, qui auront coopéré à l'établissement du produit seront associés aux bénéfices qui résulteront de sa vente.

Ce principe se vérifie encore par l'exemple de la *Société des ouvriers en limes*, fondée comme celle des lunettiers aux environs de 1848 et qui compte à l'heure actuelle 20 sociétaires et 30 auxiliaires. Les bénéfices sont attribués en entier aux sociétaires qui tendent à devenir de moins en moins nombreux. La particularité qu'offre cette association, c'est que les bénéfices tout entiers, en dehors d'un intérêt de 5 0/0 servi au capital et de 10 0, 0 qui servent à constituer une réserve, sont partagés entre les sociétaires en tenant compte uniquement du nombre d'heures de travail fournies suivant le précepte de Buchez. Cette société semblait donc destinée à revêtir une forme tout à fait démocratique tandis qu'elle constitue, en fait, une petite bourgeoisie égalitaire au-dessus de la plèbe des auxiliaires.

Un dernier exemple nous sera fourni par la *Société des facteurs de pianos*, qui compte 11 sociétaires et une moyenne de 30 auxiliaires permanents, exclus aussi de toute participation aux bénéfices.

Il est à remarquer que toutes ces sociétés datent de la même époque, celle de 1848. Les enquêteurs de l'Office du travail ont attribué la forme aristocratique à laquelle elles sont parvenues, au fait qu'elles s'étaient fondées sous la forme de sociétés en nom collectif, le groupe se composant d'unités égales dirigées par le plus capable qui avait été choisi d'avance, forme qui devait tendre par le succès même à constituer une petite caste de privilégiés de plus en plus étroitement fermée.

C'est là, sans doute, une des raisons qui explique l'écartement systématique où elles ont tenu les auxiliaires. Mais ce n'est pas la seule, et d'autres sociétés, qui ne sont pas fondées sous la même forme ont cependant adopté les mêmes procédés. C'est là le reproche capital que l'on a fait aux associations coopératives de production, et l'on est parti des exemples que nous venons de citer pour conclure que toutes les sociétés coopératives prospères finissaient au bout d'un certain temps, par devenir de simples sociétés de petits patrons. Mais il y a dans cette conclusion une exagération manifeste. Il faut constater que les associations qui ont exclu les auxiliaires du partage des bénéfices constituent une minorité parmi les associations ouvrières de production. Sur 213 sociétés coopératives qui existaient en 1895, 53 seulement n'accordaient pas de part dans les bénéfices aux auxiliaires. Ce serait là encore une proportion considérable ; mais, en fait, un grand nombre parmi ces sociétés n'avaient pas eu à prévoir la question, parce qu'elles n'employaient des auxiliaires que d'une façon tout à fait exceptionnelle, si bien qu'on peut réduire en réalité à une vingtaine, le nombre des sociétés qui, employant des auxiliaires d'une façon constante, leur refusent systématiquement toute part dans les bénéfices.

Il faut ajouter, en outre, à celles qui procèdent d'une façon aussi radicale un certain nombre de sociétés, qui tout en admettant les auxiliaires au partage des bénéfices leur donnent une part moindre que celle qui est attribuée aux sociétaires. C'était le cas de *l'Espérance du bâtiment*, qui a fait faillite en 1898, où les sociétaires avaient droit à 55 0/0 des bénéfices, tandis que les auxiliaires n'avaient droit qu'à 25 0/0.

C'est là une mesure qui, quoique plus facile à justifier que la première, n'en est pas moins cependant en désaccord complet avec les vrais principes coopératifs.

Nous ne pouvons admettre, pour notre part, qu'une société qui se réclame du principe coopératif, ne pratique pas en même temps le système de la participation aux bénéfices, au même titre pour tous les ouvriers de l'entreprise.

Ce système a été adopté dans le projet de loi sur les sociétés coopératives, annexé au rapport dressé par M. Lourties, sénateur, que nous étudierons en détail dans la suite. L'article 38 de ce projet porte : « Les sociétés coopératives de production, qui ont pour but l'exercice en commun de la profession des associés, et qui utilisent des ouvriers ou employés recrutés au dehors ne jouiront des immunités fiscales concédées par la présente loi, que si elles font participer ce personnel aux bénéfices de l'entreprise. Cette participation devra consister dans la répartition de 50 0/0 au moins des bénéfices nets annuels de l'entreprise, distribués au prorata des traitements et salaires des employés ou ouvriers, associés ou non, après que défalcation aura été faite de l'intérêt du capital jusqu'à 5 0/0 au maximum et des autres prélèvements sociaux prévus par les statuts. »

Cette disposition pourrait sans doute créer d'assez graves difficultés pour la constitution de certaines associations coopératives, surtout si, comme le fait remarquer M. Gide, on l'appliquait aux associations de consommation et aux boulangeries coopératives. Nous estimons cependant qu'en présence des abus auxquels elle tend à mettre fin, elle doit être approuvée.

Elle a rencontré une opposition violente. M. Leroy-Beaulieu (1) s'est élevé contre la règle ainsi posée et a réclamé pour les associations coopératives de production, la liberté de disposer à leur gré de leurs bénéfices.

Pour lui, en effet, les sociétés coopératives ne doivent pas être considérées comme constituant une catégorie spéciale d'associations, elles doivent être soumises au droit commun, et n'ont besoin ni de faveurs spéciales, ni de réglementations particulières.

Pour nous, c'est justement parce que nous estimons que les sociétés coopératives de production diffèrent des entreprises ordinaires, en ce que les dernières sont fondées uniquement en vue de la satisfaction des intérêts individuels, tandis que les premières reposent sur un principe de mutualité et de solidarité entre tous leurs membres, que nous croyons qu'il est du devoir du législateur de prendre les mesures propres à empêcher la confusion de ces deux espèces de sociétés et à forcer les sociétés coopératives à respecter certaines règles fondamentales sans lesquelles elles perdent complètement leur caractère. La participation obligatoire de tous les travailleurs, associés ou non, aux bénéfices, est certainement de celles-là.

Le nouveau projet de loi en la rendant obligatoire

(1) V. *Economiste français*, 12 mai 1894, 15 et 22 juin 1895.

nous paraît donc devoir être approuvé ; toute association coopérative devant être coopérative à l'égard de tous ses membres et non à l'égard de quelques actionnaires privilégiés.

§ 2

Nous arrivons maintenant à l'organisation de la direction des entreprises coopératives.

Nous avons vu, dès le début (1), que pour qu'une association fût vraiment coopérative, il fallait que la direction fût entre les mains des ouvriers, c'est-à-dire, que ceux-ci possédassent le droit d'élire les gérants. Mais cette pratique crée un danger. Toute entreprise, qu'elle soit individuelle ou coopérative, a besoin pour vivre et prospérer, d'une certaine continuité, d'une certaine unité de vues dans la direction.

Le rôle de directeur est trop important et exige trop de qualités différentes et complexes pour pouvoir être attribué successivement à un grand nombre d'individus. Or, il est à craindre, que dans une association coopérative, surtout parmi celles qui ont adopté pour le recrutement de leurs membres une base très large, l'esprit de changement qui domine dans toutes les assemblées un peu nombreuses, et d'autre part, l'esprit d'égalité à outrance qui doit forcément animer des ouvriers réunis, ne les pousse, au moins dans les premiers

(1) Voir *suprà*, chap. III.

temps où ils pratiquent l'association, à sacrifier facilement les directeurs en fonctions à des ressentiments personnels ou à des ambitions déçues.

Une association coopérative, dans laquelle les membres cèdent à ce penchant est fatalement vouée à la ruine.

L'exemple le plus typique de l'importance de la direction dans le succès d'une association coopérative et du danger qu'offre le changement non justifié du directeur nous est offert par deux associations coopératives de production unies entre elles par un lien étroit, puisque l'une est en quelque sorte la fille de l'autre ; nous voulons parler de l'*Association coopérative des charpentiers de la Villette* et de l'*Association coopérative des charpentiers de Paris*.

La *Société des charpentiers de la Villette* s'était fondée en 1882 et avait dès le début, choisi comme directeur un homme à l'énergie et à la persévérance duquel elle dut une prospérité très rapide et très considérable. Le succès grisa certains de ses membres, qui, en 1893, et malgré l'opposition qu'ils rencontrèrent chez leur directeur, voulurent modifier l'organisation des réserves prévues par les statuts et disposer à leur profit d'une partie des sommes qu'elles contenaient. Ce fut l'occasion de discussions violentes au sein de l'assemblée générale, à la suite desquelles le directeur qui était en fonction depuis la fondation, pour éviter d'être renversé, fut amené à donner sa démission.

Immédiatement, les affaires de la *Société des charpentiers de la Villette* diminuèrent. L'exemple de l'indiscipline avait été donné et de 1893 à 1896, 5 directeurs se succédèrent à la tête de la société. Les résultats furent que, pendant ces 5 années, les réserves diminuèrent de 190.000 francs et que les pertes se chiffrèrent par 70.000 francs en une seule année.

L'exemple sera encore plus saisissant, si, quittant l'*Association des charpentiers de la Villette*, nous nous attachons à suivre son ancien directeur. Au moment où il avait été amené à quitter la direction de la société, il avait entraîné à sa suite une partie du personnel avec laquelle il fonda à côté de la société mère, la *Société des charpentiers de Paris*, devenue maintenant très puissante, et sur l'organisation de laquelle il est intéressant de s'attarder quelques instants.

Cette société, fondée au capital de 135.000 francs, est aujourd'hui le plus important chantier de charpente de Paris, et fait pour plus de 2 millions d'affaires par an.

Cette association est d'ailleurs de constitution assez peu démocratique.

Les actions y sont de 500 francs, payables la moitié lors de la souscription, l'autre moitié par versements successifs d'un quart tous les deux mois. Chaque actionnaire peut posséder jusqu'à 160 actions, soit un capital de 80.000 francs.

La société est administrée par un directeur élu par

l'assemblée générale des actionnaires *pour toute la durée de l'association*. Ce directeur constitue en quelque sorte, comme un monarque électif, concentrant entre ses mains tous les pouvoirs.

En effet, le conseil d'administration qui est placé à côté de lui, n'a guère qu'une autorité nominale et joue surtout le rôle d'une commission de surveillance.

Le pouvoir absolu conféré au directeur est toutefois tempéré, par le droit que s'est réservé l'assemblée générale des actionnaires de le révoquer sur la proposition du conseil d'administration. Mais ce pouvoir n'est accordé à l'assemblée générale que dans des cas extrêmement graves, et en fait, le directeur est toujours le même depuis la fondation de la société et il est en réalité impossible qu'il soit changé.

La *Société coopérative des charpentiers de Paris*, présente le type de l'organisation la plus autoritaire que l'on puisse rencontrer parmi les sociétés coopératives. C'est là certainement d'ailleurs la principale cause de son succès (1). On ne peut trouver d'organisation analogue que dans les associations coopératives d'origine patronale comme le *Familistère de Guise* et la *Maison Leclaire*. Encore faut-il remarquer que le pouvoir central dans ces organisations au lieu d'être concentré entre les mains d'un seul est divisé entre plusieurs gérants.

(1) C'est à des causes analogues qu'est dû le succès de la société *Le Travail*. Voir Brelay, *Réf. soc.*, 1898, *loc. cit.*

Sans aller jusqu'à conférer au directeur une autorité aussi absolue, la plupart des sociétés ont cependant cherché, par divers moyens, à consolider celle qui lui était donnée par lesstatuts.

Deux moyens peuvent être employés.

En premier lieu, on peut ne pas laisser le soin d'élire le Directeur à l'assemblée générale, le suffrage universel ainsi organisé étant nécessairement changeant et instable, et l'on peut organiser en ce qui concerne l'élection du directeur, une sorte de suffrage à deux degrés, le directeur étant élu par le conseil d'administration qui lui-même émane de l'élection au suffrage universel, faite par l'assemblée générale des actionnaires.

En second lieu, au cas où le directeur est élu au suffrage universel, il peut être élu pour un temps assez long.

Les deux systèmes sont quelquefois combinés et associés. C'est ainsi que dans la société coopérative l'*Imprimerie Nouvelle*, le Directeur est élu par le conseil d'administration et pour une durée illimitée.

Par contre, il est des associations coopératives dans lesquelles l'autorité du pouvoir central a été affaiblie à plaisir. Dans l'*Association des lunettiers* par exemple, le pouvoir directorial est remis aux mains de 3 gérants qui sont élus par l'assemblée générale et pour un an seulement. Il est vrai, qu'ils sont indéfiniment rééligibles et qu'en fait, le plus ancien de ceux qui sont actuellement à la tête de l'Association préside depuis plus de 20 ans à ses destinées.

Dans la société coopérative l'*Indépendance de l'industrie drapière* à Vienne (Isère), fondée en 1872, à la suite d'une grève, et qui compte à l'heure actuelle 1230 sociétaires, il n'y a pas à proprement parler de direction, tout au moins sous une forme unique et personnelle. L'assemblée générale des actionnaires nomme un conseil d'administration qui cumule les fonctions d'administrateur et de directeur. Ce conseil est d'ailleurs nommé pour une durée extrêmement limitée de 18 mois.

Dans le même département de l'Isère, le *Syndicat ouvrier des tailleurs de pierres de Grenoble* a fondé un atelier syndical et coopératif, d'ailleurs de minime importance. C'est le syndicat lui-même qui est chargé de l'administration et de la direction.

Il faut encore ajouter à ces sociétés, qui ont affaibli l'autorité centrale en la divisant entre les mains d'un conseil plutôt que de la concentrer entre celles d'un directeur, l'exemple déjà cité de la *Verrerie ouvrière d'Albi*, dans laquelle il n'y a pas de directeur, mais seulement des chefs de service délégués par le conseil d'administration pour une durée limitée.

Ce sont là des organisations qui présentent un danger manifeste, surtout lorsqu'il s'agit d'associations importantes comme la *Verrerie ouvrière d'Albi*, où la partie commerciale de l'entreprise a une importance considérable. On peut, en effet, dans ce cas, considérer comme un des éléments les plus importants du succès, l'autorité qui est accordée au directeur, et la stabilité de la direction.

Or il ne paraît pas qu'en fait, les associations coopératives de production aient réalisé, tout au moins en ce qui concerne la stabilité de leur direction, des progrès suffisants.

L'enquête de l'Office du travail a, en effet, établi que sur les 172 sociétés ayant fonctionné d'une façon régulière et normale en 1895, il existait 52 associations dont le directeur était en fonctions depuis 1 an ou moins de 1 an, 23 dans lesquelles il était en fonctions depuis 1 à 2 ans, 15 depuis 2 à 3 ans, 11 depuis 3 à 4 ans, 4 depuis 5 ans, 10 depuis 6 ans, 5 depuis 7 ans, 5 depuis 8 ans, 7 depuis 9 ans, 2 depuis 10 ans, 8 depuis 11 à 18 ans, 4 depuis 21 ans, 2 depuis 22 ans et 1 depuis 26 ans. Cette enquête a prouvé en outre, que dans la plupart des associations qui ont échoué, l'échec provenait justement de l'insuffisance de la direction.

Il y a donc là un danger contre lequel doivent réagir les associations, et l'on ne peut trop approuver celles qui s'efforcent d'augmenter l'autorité et la durée des fonctions du directeur qu'elles se sont librement choisi.

.·.

A cette question s'en rattache une autre, c'est celle de savoir si les associations coopératives de production doivent assurer à la direction une part spéciale dans les bénéfices.

Nous avons vu que les théoriciens de la coopération et notamment Owen, s'étaient déjà posé la question et que ce dernier l'avait résolue, en déniant tout droit à un bénéfice spécial à ceux qui représentaient l'intelligence en face du travail manuel (1).

C'est à cette tendance, qu'obéissent à l'heure actuelle la plupart des sociétés coopératives. Elles semblent croire que le directeur n'a aucun titre à une rémunération supérieure à celle de ses collaborateurs ouvriers. Elles ne tiennent pas compte de ce que la bonne exécution du travail de direction exige beaucoup plus de capacités et qu'elle a beaucoup plus d'importance au point de vue de la prospérité de l'association que la bonne exécution du travail de fabrication. Elles s'attachent uniquement à cette idée, que la constitution des sociétés coopératives ayant pour but de libérer le travailleur des prélèvements que font les entrepreneurs et les capitalistes sur le produit, il n'est pas juste de faire renaître ce privilège sous une autre forme, et que l'égalité la plus absolue doit régner entre tous les travailleurs admis au partage, quel que soit leur rôle.

Cette façon de procéder à l'égard de la direction, présente à la fois des avantages et des inconvénients.

L'avantage, c'est que cette égalité de traitement met un directeur, à l'endroit duquel les ouvriers sont souvent disposés à se montrer injustement défiants, à l'abri

____

(1) Voir *suprà*, chap. II.

du soupçon de n'avoir vu dans la direction dont il est chargé, qu'une façon de satisfaire ses intérêts personnels. D'autre part, elle a encore pour résultat de mettre le poste de directeur à l'abri des convoitises trop directes, que ne manquerait pas de susciter un traitement spécial en sa faveur, et de contribuer par conséquent dans une certaine mesure à assurer la stabilité de la direction.

L'inconvénient, par contre, c'est qu'on risque en ne rémunérant pas d'une façon suffisante les fonctions de directeur, de voir les hommes les plus intelligents qui trouveraient dans ce poste seulement un emploi de leurs facultés, se désintéresser de l'association et chercher ailleurs un emploi plus fructueux de leur intelligence et de leur activité.

Pourtant ce n'est pas là un inconvénient dont il faille exagérer l'importance. Il ne faut jamais oublier, en effet, que dans les associations coopératives de production le sentiment de l'intérêt collectif domine toujours, en fait, celui de l'intérêt individuel. La plupart des directeurs qui se sont succédé à la tête des grandes associations coopératives, se sont montrés moins désireux de leur bénéfice personnel que du succès de l'œuvre qu'ils étaient appelés à diriger.

En fait, nous le répétons, la plupart des sociétés coopératives ont refusé d'inscrire le directeur pour une part spéciale dans la répartition des bénéfices.

Il n'existait, en effet, en 1896 que 22 sociétés ayant

suivi cette pratique. Il faut noter que sur ces 22 associations, 11 étaient en perte, ce qui semble bien indiquer que le fait d'accorder une part spéciale au directeur n'a pas toujours une influence heureuse sur les destinées des associations coopératives.

La rétribution accordée au directeur ne correspond d'ailleurs d'une façon fixe, ni à l'autorité plus ou moins grande dont le directeur est investi, ni à la durée plus ou moins longue de ses fonctions.

C'est ainsi que dans l'*Association des ouvriers lithographes*, le directeur est nommé par l'assemblée générale, pour 3 ans seulement, et cependant il a droit à une part spéciale de 10 0/0 dans les bénéfices ; alors que le mode démocratique de son élection et le peu de durée de ses fonctions sembleraient devoir impliquer une égalité absolue, au point de vue de la rémunération. entre le directeur et les autres membres de l'association.

Dans la société *Les charpentiers de Paris* l'autorité très considérable qui est accordée au directeur, s'accompagne d'une part spéciale de bénéfice de 20 0 0, égale à celle qui est partagée entre tous les travailleurs. Il faut encore noter dans cette association un point spécial. En dehors du directeur principal, ses sous-ordres directs, les contre-maîtres principaux bénéficient eux aussi d'une part spéciale dans la répartition ; 5 0/0 sont attribués au *gâcheur* (contre-maître principal) *de charpente*, et 3 0/0 au *gâcheur d'escalier*. Le travail de direction soit direct, soit indirect, bénéficie donc en résumé de plus de la moitié des sommes attribuées en répartition au travail. C'est là, la proportion la plus forte qu'il soit donné de rencontrer en parcourant les statuts des sociétés coopératives. On ne songera pas à s'en étonner, si l'on se rappelle l'importance du rôle joué par le directeur et la constitution aristocratique de la société.

Quelquefois, le fait d'accorder une part spéciale au directeur tient à la nature des opérations effectuées par la société. C'est ainsi, que les associations commerciales de peintres ont en général attribué une part plus élevée au directeur qu'aux ouvriers. Sur 6 sociétés d'ouvriers peintres de Paris, il en est 4, et les plus importantes, qui accordent aux directeurs des parts spéciales variant entre 5 et 10 0/0. Cela tient à l'importance du rôle commercial joué par le directeur dans une association de cette nature.

On rencontre encore la même particularité, et elle s'explique d'une façon toute naturelle, dans les sociétés coopératives à origine patronale, telles que la *Maison Leclaire* ou le *Familistère de Guise*.

En dehors des sociétés qui accordent au directeur personnellement une part spéciale dans les bénéfices, il en est d'autres, qui font bénéficier du même avantage les membres du conseil d'administration.

C'est le cas notamment de la *Société des drapiers de l'Isère*, où le conseil d'administration, qui d'ailleurs joue en fait le rôle d'un directeur, bénéficie d'une part spéciale de 15 0/0. Il en est encore de même, dans l'*Association coopérative de l'industrie cotonnière de Thézy* (Rhône), où une part également de 15 0/0 est attribuée au conseil de direction.

Telles sont les diverses particularités intéressantes que présentent les associations coopératives de production en ce qui concerne l'organisation de la direction. Mais ce n'est là, peut-on dire, que le côté extérieur de la question. En dehors de toute règle établie d'une façon positive, il faut que les ouvriers qui s'associent aient la sagesse de s'en remettre complètement, en ce qui concerne la direction, à celui qu'ils auront choisi et qui aura donné les preuves suffisantes de son savoir.

Il faut que, dans le cas où personne parmi eux ne leur paraît capable de jouer ce rôle, ils n'hésitent pas à aller chercher un directeur en dehors, comme l'ont fait *Les fondeurs réunis de Châlons-sur-Saône*, *Les tisseurs de l'industrie cotonnière de Thézy* ou *Les mineurs de Monthieux*, qui, dans l'impossibilité où ils se trouvaient de diriger eux-mêmes l'industrie dont ils avaient acquis la propriété, ont fait appel à l'expérience de directeurs d'usines, d'ingénieurs ou de contre-maîtres d'entreprises étrangères auxquels ils ont confié l'autorité directoriale.

Il faut, en d'autres termes, que les coopérateurs soient animés d'un véritable esprit d'abnégation et de discipline. C'est là la qualité qui leur est la plus indispensable pour le succès et c'est celle-là qui souvent leur manque le plus. Il y a là une éducation coopérative à faire. Ce ne sont pas les statuts des associations coopératives qu'il faut modifier, c'est l'esprit même des membres des associations. Lorsque les membres d'une société coopérative ont véritablement l'esprit de discipline, peu importe la façon dont le directeur est élu et l'autorité qui lui est attribuée par les statuts, les ouvriers de l'entreprise sauront bien, et on a pu le voir par les exemples que nous avons cités, s'il a justifié la confiance qui lui avait été accordée au début, la lui conserver pour l'avenir.

Jamais peut-être, cet esprit de discipline n'a existé au sein des associations coopératives de production, comme pendant la première période du développement coopératif, entre 1848 et 1852. M. Louis Reybaud, dont nous avons déjà eu l'occasion de noter le peu de sympathie à l'égard des associations ouvrières, écrit à ce sujet (1) : « Jamais patron n'aurait osé imposer à ses ouvriers une discipline aussi sévère ; l'insoumission, les injures et les violences, la paresse, l'incapacité, l'inconduite, furent des motifs suffisants pour évincer un membre de l'association, et plus d'un exemple témoigne que le gérant ne laissait pas ces droits s'énerver entre ses mains. Rien ne demeure impuni, pas même les mauvaises habitudes. C'est ainsi que les absences

_____

(1) Cité par Hubert-Valleroux, *op. cit.*, p. 87.

du lundi, tolérées ailleurs, étaient frappées d'une amende, et, en cas de récidive, de l'exclusion. Il n'y avait pas d'exemple que des ateliers eussent été conduits avec cette rigueur. »

Le règlement des *Ferblantiers-lampistes* notamment contenait des dispositions qui montrent bien l'importance que les associations coopératives de cette époque attachaient à la dignité de la vie des coopérateurs, seul moyen d'établir et de faire respecter une autorité parmi eux : « La plaisanterie, y était-il dit, est permise dans les ateliers parce qu'elle tient l'esprit en gaieté ; mais quand celui qui en est l'objet se fâche, on doit faire trêve afin d'éviter les querelles. Il est expressément défendu de se disputer. Les coopérateurs doivent s'aimer entre eux et se pardonner des petites faiblesses d'amour-propre », et en ce qui vise le cas d'ivresse, les mêmes règlements stipulent que « la porte sera fermée à celui qui se livrera à cet excès de désordre qui dégrade l'homme. »

Des associations dont les membres pratiquaient entre eux une discipline aussi sévère, devaient nécessairement faire preuve d'un très grand respect envers les gérants qu'elles s'étaient choisis. Jamais l'autorité qu'ils avaient acquise ne fut aussi grande. Le même auteur disait, en parlant du gérant de l'imprimerie Remquet, une des associations les plus florissantes de cette époque, qu'il pouvait « adresser les plus sévères reproches à ses coassociés sans qu'aucun d'eux songeât à s'en formaliser. C'était, en un mot, plutôt un imprimeur au milieu de ses ouvriers qu'un gérant au milieu de ses associés ».

Cette discipline mise en pratique chaque jour doit se manifester surtout, lorsqu'il s'agit de déplacer le gérant ou de le maintenir à la tête des affaires de la société. Il faut que les coopérateurs sachent, que la plus belle et la plus utile manifestation de cet esprit de solidarité sur lequel reposent toutes les associations coopératives, c'est la soumission volontaire et complète à celui qui, ayant été choisi par la majorité des membres pour diriger l'association, constitue l'expression de la volonté commune, volonté qui doit autant que possible, être toujours la même, et tendre vers le même but, et pour cela être représentée par le même individu.

CHAPITRE VII

LES UNIONS ENTRE ASSOCIATIONS COOPÉRATIVES DE PRODUCTION ET LA CHAMBRE CONSULTATIVE.

Après avoir étudié les diverses formes des associations coopératives de production, il est nécessaire de dire quelques mots des organisations auxquelles ces sociétés ont pu donner naissance en se groupant entre elles.

L'étude en sera d'ailleurs brève, car les exemples qui nous sont offerts, tant à l'époque actuelle que dans l'histoire du développement coopératif, sont peu nombreux.

Les associations coopératives de production ont cependant cherché, dès le début, dans une union de leurs forces, un moyen de succès. Cette tendance s'est manifestée pendant la première période du mouvement coopératif, entre 1848 et 1852.

Le caractère humanitaire du mouvement associationniste de cette époque impliquait, nécessairement, que des liens devaient s'établir entre les diverses associations, liens fondés uniquement sur le sentiment de solidarité existant entre tous les membres de la classe ouvrière. Ces liens devaient finir par essayer de se traduire par une organisation définie et une fédération constituée. Mais auparavant, ils se manifestèrent par l'appui mutuel que s'accordaient entre elles les associations qui se fondaient, par les secours pécuniaires que donnaient les associations florissantes à celles qui avaient du mal à vivre.

Chacune de ces sociétés s'adressait de préférence à des sociétés voisines pour les produits dont elle pouvait avoir besoin. Les associations qui s'agrandissaient faisaient appel, pour aménager le local nouveau dans lequel elles s'installaient, aux associations coopératives de peintres, de menuisiers ou de maçons. Les associations coopératives de cordonniers achetaient leurs cuirs à l'association des corroyeurs, et celles des divers états s'adressaient pour la fourniture de leurs limes à l'association des ouvriers tailleurs de limes.

Un premier effort devait être fait dès 1848 pour généraliser ces tentatives, et les bases d'une *Fédération des associations ouvrières* furent jetées. Mais la tentative échoua.

Elle fut reprise en 1850, sous le nom d'*Union des associations.*

Cette Union, dont les principaux membres furent poursuivis et condamnés par le jury de la Seine comme faisant partie d'une association illégale, et qui, par suite, ne fonctionna jamais, devait d'après les idées qui avaient présidé à sa fondation présenter les caractères suivants (1).

(1) Hubert-Valleroux, *op. cit.*, p. 89.

Elle devait se préoccuper, en premier lieu, de la forme qu'il convenait de donner aux associations, et des moyens qu'il fallait employer pour produire à meilleur marché, notamment en faisant fusionner plusieurs sociétés coopératives et en arrivant ainsi à réaliser une économie sur les frais généraux.

Elle devait ensuite tendre à définir et à organiser les rapports des associations coopératives entre elles, de façon à faciliter l'écoulement des produits, en organisant en quelque sorte un mouvement d'échange intercoopératif, à côté du commerce général auquel pourrait continuer à se livrer chacune des associations.

L'Union devait, en outre, constituer vis-à-vis de chacune des sociétés coopératives, une sorte de tribunal arbitral chargé de régler les différends entre elles. C'était là la généralisation d'un système très en faveur à cette époque. Les statuts-types de 1848 prévoyaient, en effet, l'organisation au sein de chacune des sociétés coopératives, d'un organisme spécial appelé *Conseil de famille* qui était chargé d'aplanir les difficultés et de régler les différends entre associés de la même coopérative, le principal fondement de l'association devant être et rester l'entente parfaite entre les associés. L'Union devait de même devenir d'après l'idée de ses fondateurs, le grand conseil de famille de toute la coopération.

Enfin, l'Union devait encore se préoccuper de divers autres objets. Elle devait constituer ce que l'on appellera plus tard une *Chambre consultative*, chargée de rechercher la meilleure forme de statuts pour les sociétés coopératives, de les rédiger pour les associations qui lui en feraient la demande, ou de réviser ceux des sociétés déjà existantes. Elle aurait enfin, à constituer des organisations centrales de prévoyance et de secours, et à se préoccuper d'assurer aux associations des moyens de crédit par l'institution de banques coopératives.

L'Union était, comme on le voit, établie sur les bases les plus larges, et son action, si elle était arrivée à se constituer, aurait été certainement des plus efficaces. Pourtant, non seulement ce mouvement de centralisation échoua en 1850 par suite de l'opposition du gouvernement, mais jamais depuis lors l'idée ne fut reprise et il faut arriver jusqu'à la période la plus récente, pour la voir reparaître et porter des fruits.

C'est seulement en 1884 que, pour la première fois en France, les associations coopératives de production arrivent à se grouper et à constituer entre elles une organisation destinée à favoriser et à faciliter leur développement commun. Cette organisation qui porte le nom de *Chambre consultative des associations ouvrières de production*, a, comme nous allons lé voir, repris la plupart des idées qui avaient été émises en 1850 par les fondateurs de l'Union et s'est proposé les mêmes buts.

La *Chambre consultative* est issue du mouvement syndical. Elle a été fondée dans le local du journal *le Moniteur des syndicats* et sous l'influence des rédacteurs de cette feuille.

Elle comprenait à cette époque, à côté des directeurs d'associations coopératives qui en étaient les membres actifs, un certain nombre de personnalités politiques favorables à l'idée de la coopération, chargés de lui imprimer le mouvement et la direction. Elle ne se présente donc pas, tout d'abord, comme une émanation directe des associations coopératives ; elle naît pour ainsi dire à côté d'elles et ce n'est que quelques années après, qu'elle arrive en fait, à réunir dans une organisation commune les diverses sociétés coopératives.

En effet, elle se dégagea bientôt des syndicats qui l'avaient fondée, et elle se rapprocha de ces associations. Son siège fut installé dans les locaux d'une des coopératives, l'*Imprimerie nouvelle*, et ses statuts transformés ne lui permirent plus de compter parmi ses membres que des directeurs ou des gérants d'associations coopératives.

Peu après, en 1892, elle devait acquérir un siège social particulier, et en même temps prendre un contact plus intime avec le mouvement coopératif, par la publication hebdomadaire d'un journal qu'elle avait fondé, l'*Association ouvrière*, organe de la *Chambre consultative des associations ouvrières de production de France*.

La *Chambre consultative* constitue une organisation tout à fait particulière, comme une sorte de chambre de commerce spéciale, chargée de représenter les intérêts généraux de toutes les associations coopératives. Elle représente, au-dessus des intérêts particuliers du moment, le principe même de la coopération, et a la charge de la défendre contre toutes les modifications par lesquelles certaines associations pourraient être tentées de lui porter atteinte.

Ses statuts portent très nettement la trace de ces préoccupations : non seulement ils définissent l'objet et le but de la *Chambre consultative*, mais, comme les constitutions qui résumaient dans des déclarations des droits les principes dont elles se réclamaient, ils posent comme base à la nouvelle institution une définition des vrais principes coopératifs. « Le mobile des aspirations de la *Chambre consultative* », est-il dit dans l'article 2 de ces statuts, « réside dans ce premier principe de tout contrat social, SOLIDARITÉ. Son principe de répartition équitable du produit du travail est : A CHACUN SELON SES ŒUVRES. En résumé, faire converger les efforts de l'individualité dans l'intérêt de la collectivité afin d'obtenir par contre, une garantie plus grande de sécurité par la collectivité pour l'individualité : tel est l'esprit de la *Chambre consultative*. C'est, en d'autres termes, l'idée moderne : COMPRENDRE SON BONHEUR DANS LE BONHEUR GÉNÉRAL opposée à la doctrine égoïste : « Chacun pour soi. »

Nous avons tenu à reproduire en entier cet article des statuts de la *Chambre consultative*, non seulement parce qu'il montre clairement quel est l'esprit qui préside à cette organisation, mais aussi parce qu'il est tout à l'honneur des coopérateurs modernes d'avoir su résumer en une formule aussi généreuse leurs aspirations et leurs désirs, et qu'une telle définition montre que les coopérateurs des dernières années du siècle n'ont point dégénéré depuis leurs ancêtres de 1848.

Mais la *Chambre consultative* n'est pas seulement la gardienne des traditions coopératives, elle a aussi des attributions plus positives et plus pratiques.

En premier lieu, elle est chargée d'étudier les moyens de réaliser dans la pratique les principes qu'elle a posés. D'après ses statuts, « elle étudie les moyens qui peuvent hâter la solution du problème social. La répartition équitable du produit du travail, et prépare en ce sens les bases des conventions qui doivent intervenir entre les coopérateurs, sous forme de statuts ou de règlements ». Organe de propagande, en même temps qu'organe d'étude et d'élaboration, « elle préconise. sans tenir compte des préjugés, les idées de progrès qui doivent amener le taux du salaire à être conforme aux besoins de la vie ».

Son action résulte surtout de l'influence qu'elle a acquise auprès des associations ouvrières, de telle sorte que celles qui se fondent, viennent chercher à la *Chambre consultative* des modèles de statuts et des conseils sur leur application. C'est par tous ces points surtout qu'elle justifie son nom de *Chambre consultative*.

Mais en dehors des associations qui se fondent, la *Chambre consultative* se préoccupe aussi de celles qui sont déjà en activité. Son rôle pour celles-ci consiste essentiellement en ce qu'elle se charge de les mettre en rapport direct avec le consommateur, c'est-à-dire notamment avec les associations coopératives de consommation.

D'après ces statuts, elle devait en outre se préoccuper de procurer du crédit à celles des associations coopératives qui en auraient besoin, et c'est en effet grâce à son initiative que s'est fondée la *Banque coopérative* dont le siège social est encore à l'heure actuelle dans les locaux de la *Chambre consultative*. Grâce à cette Banque, en ce qui concerne l'obtention du crédit, les associations coopératives n'ont plus maintenant à s'adresser à la *Chambre consultative*.

La *Chambre consultative* constitue encore l'organe représentatif des associations de production vis-à-vis des pouvoirs publics. En effet lorsqu'il s'agit de faire valoir les revendications des associations coopératives ou de défendre leurs intérêts, c'est la *Chambre consultative* qui nomme les délégations chargées de ce soin. C'est elle qui a contribué de cette manière à l'élaboration du décret du 4 juin 18 ', dont nous verrons l'importance en ce qui concerne la participation des associations ouvrières aux adjudications de travaux publics.

Enfin la *Chambre consultative* joue vis-à-vis des associations coopératives un dernier rôle, dans lequel nous allons trouver la réalisation de l'idée que nous avons vu émettre par les promoteurs de l'Union de 1850. L'article 11 de ses statuts institue en effet, parmi les commis-

sions dont elle se compose, une *Commission d'arbitrage*
chargée de prononcer sur les cas litigieux qui peuvent
intéresser soit la *Chambre consultative*, soit une des
associations coopératives qui en font partie.

Cette commission n'existe pas d'une façon perma-
nente. Elle est nommée par le Conseil d'administration
à propos de chaque litige qui se présente et elle est
recrutée parmi les membres qui, par leur caractère ou
leurs fonctions, paraissent les plus propres à trancher la
question qui leur est soumise. Les discussions qui peuvent lui être soumises sont celles qui naissent soit entre
associations et associés, soit entre des associations et
des tiers. La compétence de cette *commission d'arbitrage*
est donc très étendue. Sans doute son intervention est
facultative et les associations ne sont pas obligatoirement tenues de lui soumettre leurs litiges, mais il y a
là, pour toutes les associations qui font partie de la
Chambre consultative, une obligation tout au moins morale et le rôle de la *commission d'arbitrage* peut être
des plus efficaces dans des associations où, comme nous
l'avons vu, la discipline n'est pas toujours la vertu do-
minante. Il y a là en quelque sorte un pouvoir modéra-
teur à l'aide duquel bien des conflits, qui sans cela seraient absolument sans issue, peuvent être tranchés au
mieux des intérêts coopératifs.

Il nous reste maintenant à examiner la composition
de la *Chambre consultative*.

Elle est ouverte à toutes les associations légalement

constituées et exclusivement composées d'ouvriers. Chacune de ces associations est représentée par un délégué; tous les délégués étant d'ailleurs égaux et ne pouvant avoir qu'une voix, quelle que soit la puissance et l'étendue de l'association qu'ils représentent. Elle revêt donc une forme d'organisation absolument démocratique et égalitaire. Ce caractère est confirmé encore par ce fait, qu'elle ne possède pas de pouvoir central pouvant prétendre à une autorité quelconque sur les associations adhérentes, mais qu'elle est uniquement composée de commissions électives qui se partagent les affaires courantes.

La *Chambre consultative*, comme on le voit, ne réunit les associations coopératives de production que par un lien assez lâche, et elle n'est qu'une réalisation très partielle de l'idéal qui consisterait à réunir les associations ouvrières de production en une fédération puissante, de façon à centraliser leurs produits et à constituer l'intermédiaire entre le consommateur et les associations productrices, comme l'avaient rêvé les unionistes de 1850.

Néanmoins, il ne faut pas méconnaître les services qu'une institution comme la *Chambre consultative* a rendus et est appelée à rendre, tant en ce qui concerne les intérêts des associations coopératives, qu'en ce qui touche les principes de la coopération. On se souvient des difficultés qui s'élevèrent au sein de la *Chambre consultative*, lorsqu'il s'agit de savoir si le nouveau système inauguré par l'Association *Le Travail* rentrait ou non dans la coopération. Cette nouvelle forme semble bien constituer la limite extrême de concession que la *Chambre consultative* est décidée à faire aux nécessités et aux difficultés contre lesquelles l'association coopérative de production a à lutter.

L'idée de la *Chambre consultative* a remporté un plein succès dans le monde de la coopération. Non seulement la plus grande partie des associations coopératives, et toutes les plus importantes se sont inscrites comme adhérentes, mais son organisation a été imitée en province. En 1894, s'est fondée à Lyon la *Fédération régionale des associations du Sud-Est*, et en 1896, la *Chambre consultative des associations du Sud-Ouest*, à Bordeaux.

Plus que toutes autres, en effet, les sociétés coopératives, tant de production que de consommation, fondées sur le principe de solidarité, doivent tendre à s'unir entre elles, en groupes de plus en plus nombreux et de plus en plus puissants. Tant que les sociétés coopératives de production resteront isolées, les obstacles au milieu desquels elles se développent sont trop puissants pour qu'elles puissent jamais prendre une extension rapide. Elles seront presque toujours écrasées sous le poids des rivalités patronales. Il faut qu'elles cherchent un point d'appui dans une union qui leur permette ensuite de s'allier avec les groupements du même genre qui naissent au sein de la classe ouvrière, fédérations de syndicats ou fédérations de sociétés de consommation.

Mais avant de réaliser cet idéal, il faut qu'elles prennent une pleine conscience d'elles-mêmes, du but auquel elles tendent, des moyens et de la puissance dont elles peuvent disposer, et c'est surtout à leur donner cette conscience qu'a servi et que peut servir une institution du genre de la *Chambre consultative*.

CHAPITRE VIII

LES DÉBOUCHÉS. — LES ASSOCIATIONS COOPÉRATIVES DE PRODUCTION ET LES TRAVAUX PUBLICS.

Si maintenant, nous reprenons quelqu'une des associations ouvrières que nous avons étudiées, après qu'elle aura réuni les capitaux suffisants pour lui permettre d'entreprendre sa tâche, après qu'elle aura organisé et la direction et le travail dans l'atelier coopératif, en un mot, après qu'elle sera devenue viable, il faut qu'elle vive ; après qu'elle a commencé à produire, il faut qu'elle trouve à écouler ses produits ; après qu'elle s'est mise en mesure de répondre aux demandes de travail qui lui seront faites, il faut qu'elle trouve ce travail, et là encore se présente pour elle une grosse difficulté, celle des débouchés.

Sans doute, toute industrie, qu'elle soit patronale ou coopérative, a à lutter contre cette difficulté à ses débuts, mais pour l'industrie et la production coopérative, elle se présente dans des conditions toutes particulières qui la rendent presque insurmontable par les moyens ordinaires.

En effet, l'association de production se heurte généralement à l'hostilité des patrons, non seulement de ceux qui sont ses concurrents directs, mais de ceux qui pourraient être ses clients.

L'association ouvrière se présente toujours sous la forme d'une organisation en lutte contre la forme actuelle de la société. De plus, beaucoup d'associations ouvrières ont pris naissance à la faveur d'une grève qui a mis en hostilité ouverte employeurs et employés : et contre elles la concurrence se fera plus acharnée et plus vive. Faut-il rappeler l'exemple déjà cité de la *Verrerie de Rive-de-Gier* ? Non seulement les fabricants de verreries et de bouteilles baissèrent leur prix dans des proportions inusitées pour tuer la nouvelle institution à sa naissance, mais beaucoup d'acheteurs s'engagèrent à ne rien acheter, si avantageux que fussent les prix, aux ouvriers associés dans lesquels ils voyaient des ennemis irréconciliables.

En dehors même de cette hostilité, et dans les cas où elle ne se manifeste pas, l'association ouvrière n'en rencontre pas moins des difficultés particulières à se créer des débouchés. En effet, elle ne dispose d'aucune des relations qui facilitent le début des entreprises commerciales. La difficulté qu'elle a à se procurer des capitaux ne lui permet pas d'user des mêmes moyens de réclame (1). Dans la petite industrie, elle rencontre en face d'elle la défiance des clients que la forme collective effraie, en ce qu'elle leur semble

____

(1) Les intermédiaires, c'est-à-dire les architectes et entrepreneurs, préfèrent souvent avoir affaire à des fabricants ordinaires.

diminuer la responsabilité qui se dissémine sur la tête
de plusieurs au lieu de se concentrer sur un seul. De
telle sorte que, si les associations coopératives ne rencontrent pas quelque part un appui et un soutien, elles
risquent la plupart du temps, et à moins de circonstances particulièrement favorables, de dépérir faute de
trouver où employer leur activité. C'est là ce qu'ont été
obligés de constater, avec une certaine mélancolie, les
plus fervents adeptes de la coopération. L'idée coopérative n'a pas encore pénétré jusqu'au public, et si, sur
bien des points, l'éducation coopérative des ouvriers
est encore à faire, celle de la clientèle ne l'est pas
moins.

Aussi, dans la plupart des cas, n'est-ce pas aux particuliers que les associations coopératives de production
iront demander du travail, mais bien plutôt à l'État ou
aux personnes publiques qui sont animées envers elles
de sentiments tout différents de ceux des particuliers (1); et c'est ainsi que l'État, les départements et
les villes se sont trouvés amenés, étant donnée la nécessité où se trouvaient les associations ouvrières de
production d'avoir recours uniquement aux travaux

---

(1) D'après la statistique dressée par l'Office du travail, les travaux faits pour le compte des administrations publiques, représenteraient, sur l'ensemble des travaux exécutés pour toutes les
associations de production, une proportion de 15 0/0 ; mais cette
proportion s'élèverait à 50 0/0 pour les maçons, charpentiers, menuisiers et même jusqu'à 90 0/0 pour les plâtriers et peintres en
bâtiment. Voir Gide, *Rev. d'Ec. pol.*, janvier 1900, p. 23, note 1.

dont ils pouvaient disposer, à leur en faciliter autant
que possible l'accès ; si bien, que l'étude des débouchés
ouverts aux productions des associations coopératives,
se ramène presque uniquement à l'étude des mesures
destinées à faciliter la participation des associations
coopératives à l'exécution des travaux publics.

La première mesure en ce sens est contemporaine
du début même du premier mouvement coopératif, et
remonte au décret du 15 juillet 1848. Ce décret, à la
suite duquel était intervenu un arrêté ministériel por-
tant les dates des 18 août-23 septembre 1848, a vu, en
ces dernières années, ses dispositions remises en vigueur par un décret du 4 juin 1888, qu'ont suivi la loi
du 29 juillet 1893 et le décret du 15 novembre de la
même année.

**

Nous allons étudier les différents avantages conférés
aux associations par ces différents textes.

Ces avantages portent, en premier lieu, sur le cautionnement. En effet, en vertu des lois sur les travaux
publics exécutés pour le compte de l'État, l'adjudica-
taire doit fournir un cautionnement variable suivant
l'importance des travaux à effectuer, et qui doit consister soit en numéraires, soit en rentes sur l'État, nominatives ou au porteur.

Les associations ouvrières de production ont été dispensées de cautionnement par le décret de 1848, en

vertu de l'article 4, qui porte que « les associations d'ouvriers sont dispensées de cautionnement, mais qu'elles sont soumises à une retenue de un dixième de garantie jusqu'à la réception définitive des travaux, sauf à l'Administration à déterminer, toutes les fois qu'elle le jugera convenable, un maximum au delà duquel cette retenue cessera d'être exercée ».

Cette mesure générale a été modifiée dans son application par l'article 4 du décret du 4 juin 1888, aux termes duquel les associations ouvrières de production ne sont plus dispensées de cautionnement, que lorsque le montant des travaux ou des fournitures à effectuer ne dépasse pas 50.000 francs.

Cette faveur a surtout, en effet, pour but de permettre l'accès des travaux publics aux associations peu puissantes. Les associations ouvrières qui soumissionnent un travail de plus de 50.000 francs sont supposées capables de disposer d'un crédit suffisant pour trouver le cautionnement qu'on leur demande ; et d'autre part, dans des travaux de cette importance, l'intérêt de l'État, pour la sauvegarde duquel ce cautionnement a été établi, ne peut pas être sacrifié à celui des associations coopératives.

La disposition de l'article 4 du décret du 4 juin 1888 qui ne visait expressément que les travaux de l'État, doit, d'après un avis du Conseil d'État du 27 juin 1889, être étendue aux travaux publics départementaux. Elle a été, en outre, étendue aux marchés de fournitures et travaux publics communaux par la loi du 29 juillet 1893 dont l'article unique est ainsi conçu : « les associations d'ouvriers français sont admis aux adjudications de travaux communaux dans les conditions déterminées par le décret du 4 juin 1888, relatif à la participation des sociétés françaises d'ouvriers aux adjudications et marchés passés au nom de l'État. »

On a critiqué cette disposition et protesté contre la situation privilégiée créée de ce chef aux associations ouvrières de production. On avait dit, surtout sous l'empire du décret de 1848, que l'État ne pouvait se priver d'une garantie qui avait été jugée nécessaire pour la sauvegarde des intérêts généraux, en faveur d'un intérêt particulier, si respectable fût-il. Le décret de 1888 a, dans une certaine mesure, admis la justesse de cette critique, et il faut reconnaître que, maintenant, avec la restriction qui lui a été apportée, la faveur qui est faite aux associations coopératives se justifie parfaitement.

Si l'État abandonne la protection qui résulte pour lui du dépôt du cautionnement, dans des entreprises de minime importance, il faut reconnaître qu'il y a pour lui un intérêt considérable à développer la prospérité des associations coopératives de production, qui, comme on l'a vu à certaines époques, ont tout au moins l'avantage de permettre aux ouvriers de réaliser en partie leurs revendications et de donner le moyen à toute une fraction de la classe ouvrière d'arriver à la propriété de ses instruments de travail.

Il est bien certain, qu'en présence de la difficulté qu'éprouvent les associations ouvrières naissantes à constituer leur capital, les obliger à constituer un dépôt en numéraire, ce serait les écarter de propos délibéré de toutes les entreprises de travaux publics et leur fermer ainsi la seule voie dans laquelle elles trouvent le plus souvent à employer leur activité. Nous croyons donc que la mesure prise en 1848 et modifiée en 1888 se justifie pleinement.

.·.

A côté de cette première mesure de faveur, le décret de 1848 (art. 3) en avait édicté une autre. Il avait stipulé qu'à rabais égal, l'association ouvrière devrait être préférée à l'entreprise patronale. En outre, le même décret fixait un maximum de rabais que les associations concurrentes ne pouvaient pas dépasser.

Si deux associations ouvrières avaient fait le même rabais sans atteindre ce maximum, il était procédé entre elles à une nouvelle adjudication ; si, au contraire, les rabais égaux qu'elles avaient consentis atteignaient le maximum, on tirait au sort entre elles.

Cette pratique du maximum de rabais avait de grands inconvénients, provenant surtout de ce fait, que l'Administration n'appliquait ce maximum qu'aux associations d'ouvriers. On supposait que les patrons qui consentaient un rabais au-dessus du maximum s'engageaient en pleine connaissance de cause, et l'Administration avait d'ailleurs des sûretés suffisantes contre eux par suite du cautionnement qu'ils avaient été obligés de déposer ; tandis qu'on craignait, que, par le désir d'obtenir des adjudications, les associations ouvrières ne se laissassent entraîner à consentir des rabais inconsidérés, et que, lorsqu'elles se trouveraient dans l'impossibilité de tenir leurs engagements, l'Administration ne fût complètement désarmée contre eux, tant à cause de leur insolvabilité, que par suite de la dispense de cautionnement qui leur avait été accordée. Mais dans la pratique, il arrivait souvent que le maximum de rabais ayant été fixé d'une façon un peu arbitraire, des associations ouvrières se voyaient préférer des associations patronales, parce que leur rabais, plus fort que celui des entrepreneurs, dépassait le chiffre maximum que l'Administration avait cru devoir fixer, alors que, malgré l'importance du rabais consenti, les associations ouvrières auraient parfaitement pu exécuter les travaux dans les conditions auxquelles elles se soumettaient. Aussi cette pratique tombée en désuétude, a-t-elle été supprimée par le décret du 4 juin 1888, qui se contente de reproduire dans son article 3 les dispositions du décret de 1848 en ce qui touche la préférence à accorder aux associations ouvrières, en cas d'égalité de rabais, avec une entreprise patronale.

Faut-il encore voir dans cette disposition une faveur injustifiée et injustifiable ? On l'a prétendu. Nous ne le pensons pas, et les mêmes raisons qui justifient la première faveur nous paraissent aussi justifier la seconde. Elle n'a pour effet que de rétablir l'égalité au profit des associations ouvrières, alors que les difficultés qui entourent leur naissance les mettraient, si on les laissait entièrement à elles-mêmes, dans une inégalité manifeste à l'égard des entreprises patronales. Là, du reste, les intérêts de l'État ne sont nullement compromis par cette faveur, et il est juste, dans le cas d'un partage comme celui qui est en question, de choisir celle des deux entreprises dont la réussite présente le plus grand intérêt social. Or à cet égard, c'est surtout au succès des associations coopératives de production que l'État doit s'intéresser.

.·.

Une troisième faveur faite aux associations coopératives est celle qui consiste, dans certains cas, à les admettre à l'exécution des travaux publics en les dispensant de l'adjudication.

En matière de travaux publics, en effet, l'adjudication est la règle et les marchés de gré à gré ne doivent avoir lieu que dans des cas exceptionnels et limitativement déterminés ; ce principe, déjà posé par les lois antérieures, a été consacré à nouveau par le décret du 11 novembre 1882. Quand il s'agit d'associations ouvrières, le marché de gré à gré est au contraire la règle, toutes les fois que le prix des travaux à effectuer ne dépasse pas 20.000 francs. L'arrêté de 1848 avait stipulé en

outre, dans son article 1er, qu'il ne fallait pas qu'il y eût
de matériaux à fournir par l'association pour l'exécution des travaux ; ce qui excluait les marchés de fournitures et restreignait singulièrement les limites de la
concession faite. Le décret de 1888 a étendu, au contraire, ce privilège aux travaux et fournitures (art. 2),
tout en laissant établie la limite de 20.000 francs, fixée
par le décret de 1848. Ce sont surtout, en effet, des
travaux de petite importance qui peuvent favoriser
la naissance et le développement des associations coopératives, et la forme du marché de gré à gré permet
à l'État de leur accorder ces travaux par préférence à
toutes les entreprises rivales.

.·.

Enfin le dernier point sur lequel portent les avantages
concédés par l'État aux associations coopératives, regarde le mode de paiement de ces travaux.

Les associations ouvrières, possédant généralement
peu de capitaux et disposant de moyens de crédit assez
faibles, ne peuvent le plus souvent, attendre jusqu'à
l'exécution des travaux pour en obtenir le paiement.
Aussi le décret de 1848 avait-il décidé, dans son article 6, que le paiement des ouvrages exécutés, déduction
faite de la retenue de garantie, serait effectué tous les
15 jours aux associations, d'après des états de situation approximative des travaux et approvisionnements.
Cette disposition a été maintenue par l'article 6 du dé-

cret de 1888. Elle a été complétée par l'article 1er du décret du 13 novembre 1893, qui ajoute en ce qui concerne le paiement des acomptes aux ouvriers, des dispositions complémentaires à celles du décret du 25 janvier 1862 sur la comptabilité du service des bâtiments civils, et à celles du règlement du 18 décembre 1867 destiné à assurer, en ce qui concerne le service des beaux-arts, l'exécution du décret du 21 mai 1862 sur la comptabilité publique. Les dispositions nouvelles sont ainsi conçues. « Lorsqu'il s'agira d'exécuter, de restaurer ou de réparer des objets d'art ou de précision ou lorsqu'il s'agira de travaux quelconques exécutés par des sociétés d'ouvriers français, dans les conditions stipulées par le décret du 4 juin 1888, le paiement avant production d'un mémoire d'un nombre quelconque d'acomptes, pourra être autorisé, sous la réserve expresse que leur total ne dépasse pas la moitié du montant des travaux exécutés et non payés lors du dernier acompte. »

En fait, les associations ouvrières qui ont soumissionné des travaux publics se plaignent que le paiement des acomptes ne leur soit pas fait avec toute la régularité qu'elles seraient en droit d'attendre, et que ce soit justement là une des raisons qui les oblige à recourir aux avances sur travaux que leur fait, soit la *Banque coopérative*, soit le sous-comptoir des Entrepreneurs (1).

(1) M. Gide, *loc. cit.*, cite le cas de meubles livrés à une préfecture qui n'avaient été payés qu'après que ces meubles étaient déjà

.·.

En regard des faveurs qui ont été accordées aux associations coopératives, il faut placer les conditions auxquelles ces faveurs étaient soumises.

Le décret de 1848 stipulait, que toutes les associations qui voudraient bénéficier de ces faveurs devraient avoir prévu dans leurs statuts, la création d'un fonds de secours destiné à subvenir aux besoins des associés malades ou qui seraient blessés par suite de l'exécution des travaux, ou encore aux besoins des veuves et des enfants des ouvriers, morts au cours de cette exécution, fonds de secours qui devait être alimenté par une retenue de 2 0/0 sur les salaires.

En outre, le même décret exigeait dans les sociétés, la création d'un organisme très spécial et dont nous ne retrouvons plus guère de traces dans les sociétés actuellement existantes. Les sociétés admises à concourir aux adjudications de travaux, devaient avoir constitué dans leur sein un *Conseil de famille* de 3 membres au moins, chargé de juger en dernier ressort et comme amiable compositeur, toutes les difficultés qui pourraient s'élever entre associés lorsque leur objet ne dépasserait pas 150 francs. Ce *Conseil de famille*, tout à fait particulier

---

détériorés par l'usage et avaient dû être réparés par le même fabricant qui les avait livrés. Il cite aussi une association de peintres en bâtiment qui n'aurait eu besoin de presque aucun capital et qui était obligée d'avoir plus de 100.000 francs d'avance pour pouvoir se charger de certains travaux de la Ville de Paris.

à l'époque de 1848, devait être, en dehors de cette fonction spéciale et caractéristique, investi d'attributions multiples. Il devait faire exécuter le règlement intérieur de l'association et les peines qui seraient infligées, fixer la part de chacun des associés dans les paiements d'acomptes et partager le solde du prix proportionnellement aux sommes reçues par chacun des ouvriers pendant la durée de sa participation à l'entreprise, faire la distribution du fonds de secours et régler la condition des ouvriers associés qui seraient exclus des chantiers par les ingénieurs ou les architectes.

Ces dispositions n'ont pas été maintenues par le décret de 1888. Il n'exige plus de la part des associations admises à concourir aucune condition spéciale et se borne à leur demander la production de pièces de pure forme qui sont, d'après l'article 3, la liste nominative des membres, l'acte de société et l'original du pouvoir délivrés au gérant.

Mais une partie des conditions exigées par le décret de 1848 a été reprise par le conseil municipal de Paris, dans sa délibération du 26 juillet 1882, relative à l'admission des associations ouvrières dans l'exécution des travaux de la Ville de Paris. Les associations admises à concourir devront justifier de la création d'un fonds de réserve spécial, destiné à parer aux conséquences des accidents à leur charge et à subvenir aux besoins des ouvriers blessés par suite de l'exécution de ces travaux. Il est spécifié d'ailleurs, que ce fonds de

réserve pourra être remplacé par une assurance contractée en faveur des ouvriers, auprès d'une ou plusieurs compagnies d'assurances sur la vie offrant des
garanties sérieuses.

.˙.

Les faveurs faites aux associations ouvrières dans la
concession des travaux publics paraissent avoir donné
des résultats assez satisfaisants, aussi bien en ce qui
touche le développement des associations coopératives
de production qu'en ce qui concerne les intérêts des
administrations intéressées. Pourtant, telle n'a pas été
toujours l'opinion de ceux qui ont été appelés à se
prononcer sur ces pratiques.

M. Hubert Valleroux cite en effet un rapport de
M. Léon Faucher du 25 décembre 1849, nettement
hostile à l'entrée des associations ouvrières dans les
entreprises de travaux publics. Pourtant les résultats
mêmes qui sont énumérés dans ce rapport sembleraient
devoir faire apprécier tout autrement et dans un sens
beaucoup plus favorable les résultats du décret et de
l'arrêté de 1848. En effet, une des associations, celle des
Paveurs de Paris, avait obtenu pour plus de 200.000 fr.
de travaux. Or les rabais, qui dans cette branche spéciale ne dépassaient jamais 2 fr. 70 0/0, s'étaient brusquement élevés à 19 0/0, et la Ville, soustraite à la domination des anciens entrepreneurs, avait réalisé, de ce
chef, une économie de plus de 125.000 francs.

C'est là la preuve manifeste que la participation des associations ouvrières aux entreprises de travaux publics peut offrir la plus grande utilité pour l'administration elle-même, et qu'à ce point de vue déjà, elle doit être favorisée.

D'un autre côté, le même rapport constate que malgré le rabais consenti, les associés avaient pu élever à 4 fr. 50 le prix de la journée de travail qui auparavant atteignait seulement 4 francs, et qu'en outre, il était resté à l'Association à la fin des travaux un bénéfice de 170 francs par sociétaire, les travaux ayant d'ailleurs été exécutés avec un ordre parfait et à la satisfaction complète de l'administration.

On ne saurait apporter de meilleure démonstration des avantages que peut offrir aussi bien pour ses membres que pour les tiers, la constitution d'une société ouvrière de production.

Sans doute ce n'est là qu'un exemple isolé, mais l'expérience faite depuis 1888 semble bien confirmer les conclusions favorables qu'on peut en déduire.

Les travaux publics effectués par les associations ouvrières depuis le mois de juin 1888 jusqu'à la fin de 1895, se sont élevés à 2.442.337 francs. Les résultats constatés ont été les suivants : d'une part, il en est résulté un meilleur marché des travaux. L'admission des associations ouvrières a augmenté le nombre des concurrents et en outre elles sont arrivées en fait, par suite de leur constitution même, à consentir des rabais plus élevés que ceux de la majorité des entreprises patronales.

D'autre part, le service des bâtiments civils a reconnu que les sociétés ouvrières ont, en général, convenablement exécuté les travaux et qu'on ne pouvait citer à leur charge aucun cas de trouble ou de manque de discipline.

En ce qui concerne les avantages qui en ont été retirés par les associations coopératives elles-mêmes, les renseignements fournis sont assez vagues. Un fait a permis de constater que les associations ouvrières ne considéraient en général l'exécution des travaux publics que comme une position d'attente, destinée à leur procurer plus tard des travaux pour le compte des particuliers ; on a remarqué, en effet, que les associations ouvrières avaient une tendance à consentir des rabais plus élevés que les entrepreneurs, quand il s'agissait pour elles, par exemple, de se mettre en rapport avec un nouvel architecte, dont elles espéraient se faire apprécier, afin d'obtenir plus tard la concession de travaux particuliers.

Les mêmes résultats ont été constatés pour les travaux publics exécutés, pour le compte des villes et notamment de la Ville de Paris.

La Ville de Paris s'est en effet préoccupée, avant l'État lui-même, de faciliter aux associations ouvrières l'admission dans les entreprises de travaux publics. C'est sur l'initiative de M. Floquet, alors préfet de la

Seine, que fut prise la délibération du Conseil municipal du 26 juillet 1882 destinée à atteindre ce résultat. Et avant même que le règlement qui y avait été élaboré fût devenu définitif, la commission municipale, aux décisions de laquelle est subordonné le droit de concourir aux adjudications de travaux publics, en avait facilité l'accès aux associations qui présentaient des garanties suffisantes et de solvabilité et de bonne exécution. Or, se prononçant sur les résultats de cette pratique devant la commission extra-parlementaire, chargée de se livrer en 1883 à une enquête sur les associations coopératives de production, M. Alphand s'exprimait ainsi : « Les travaux pour la Ville ont été exécutés en général dans de bonnes conditions, non seulement le travail a été bien fait, mais encore avec rapidité. Il y a là un fait d'une certaine importance. Voilà des ouvriers associés qui ont travaillé énormément pour l'exécution de certains travaux, à des prix qui ne sont pas plus élevés que ceux des entrepreneurs. Ces travaux, je le répète, ont été faits avec une très grande rapidité, et les associés ont réalisé un bénéfice important. »

Or, le chiffre de ces travaux a été considérable et s'est rapidement élevé depuis la délibération du Conseil municipal qui a légitimé les pratiques de la commission. De septembre 1879 au 31 juillet 1883, ils s'étaient élevés à 1.112.395 francs ; du 1er août 1883 au 31 décembre 1895, ils ont atteint le chiffre de 8.259.841 francs répartis entre 41 sociétés ouvrières.

Parmi les sociétés qui ont obtenu les marchés les plus importants se trouve l'*Association coopérative des ouvriers piqueurs de grés* de Paris et du département de la Seine.

Cette Association offre un exemple très typique de l'influence qu'ont pu avoir sur le développement des sociétés coopératives, les mesures prises par la Ville de Paris.

L'*Association des ouvriers piqueurs de grès* qui compte actuellement 37 membres, avait été fondée, en 1886, par la chambre syndicale de la profession, avec un capital extrêmement minime de 200 francs.

Elle avait été constituée pour résister à une baisse des salaires que voulaient imposer à leurs ouvriers les entrepreneurs de pavage, qui traitaient directement avec la Ville de Paris. Cette baisse des salaires aurait atteint jusqu'à 33 0/0 des salaires antérieurs.

Les ouvriers de la chambre syndicale, après avoir constitué leur société coopérative, firent des démarches auprès de la Ville pour qu'elle s'engageât à employer directement l'Association sans s'adresser aux entrepreneurs, ce qui lui fut accordé; et, comme elle n'est qu'une entreprise de sous-ordre, étant donnée sa liaison avec les entreprises de pavage, les marchés lui furent conférés à l'amiable et non par la voie de l'adjudication.

Les résultats ont été satisfaisants pour les deux parties en présence.

D'une part, la Ville de Paris qui avait éprouvé un

surcroît de dépense, la main-d'œuvre étant à un prix
plus élevé, a regagné cela par la valeur du travail exécuté.

D'autre part. l'Association a prospéré; elle est arrivée
à porter son capital à 10.000 francs, tout en payant à
ses ouvriers des salaires beaucoup plus élevés que ceux
qui leur étaient accordés auparavant. Avant la diminution que les patrons avaient fait subir en 1886, le prix
de la taille du millier de pavés était de 60 francs, il
avait été abaissé à 40 francs en 1886, et il est actuellement à des prix variant entre 60, 70 et 80 francs. Ce
résultat est dû, à ce que l'Association a réussi, comme
c'était son but, à supprimer le bénéfice de l'entrepreneur dans un métier qui n'exige pour ainsi dire que de
la main-d'œuvre et qui est dégagé de tout aléa commercial, si bien que le prix payé par le consommateur ressort presque complètement en salaires. Les travaux
exécutés par cette Association pour le compte de la Ville
de Paris, depuis sa fondation jusqu'en 1895, se sont élevés à 1.083.500 francs.

Ces constatations et ces résultats suffisent à répondre
aux critiques qu'on a faites de l'initiative prise par la
Ville de Paris et de la protection qu'elle a accordée aux
associations coopératives de production. En effet, M. Hubert Valleroux protestait contre ces tendances qui se
manifestaient déjà au moment où il écrivait son livre (1). Il accusait notamment la Ville de Paris et l'État,

(1) En 1884. Hubert Valleroux, *op. cit.*, p. 378. Voir dans le même
sens Brelay, *Réf. Soc.*, 1898, *loc. cit.*

de faire des coopérateurs des hommes qui réclament comme un dû, des travaux et des travaux bien payés et de relever en quelque sorte au profit des associations ouvrières l'ancienne théorie du droit au travail. Et il ajoutait que de pareilles pratiques, contraires à l'équité, étaient en même temps plus funestes qu'utiles aux associations avantagées. En effet, selon lui, les industries habituées à s'appuyer sur cette assistance, ne pourraient plus se soutenir, lorsque l'assistance viendrait à manquer, ce qui arriverait nécessairement, l'initiative privée pouvant seule assurer, d'une manière durable, la prospérité de toute industrie. C'est là une exagération manifeste. Les associations ouvrières sont forcées, comme nous l'avons vu, de s'adresser tout d'abord à l'État ou aux administrations publiques : les écarter systématiquement, c'est les condamner à disparaître.

L'État d'ailleurs, ou les villes. ne leur accordent pas les travaux comme un dû, elles se contentent d'essayer de rétablir l'égalité à leur égard.

C'est assigner des limites trop étroites au rôle de l'État, que de prétendre qu'il doit rester simple spectateur des luttes et des concurrences individuelles, sans jamais intervenir ni sans pouvoir prêter son appui aux plus faibles contre les plus forts. Il ne faut pas oublier que toutes les formes nouvelles d'industrie ont successivement bénéficié, à leur apparition, de la protection de l'État. Il en a été ainsi au début du XVIIe siècle, lorsque les premiers exemples de la grande

industrie sont apparus, en lutte et en progrès contre
l'ancienne industrie familiale, et Laffemas et Colbert
ont essayé justement par les mesures qu'ils prenaient
en leur faveur, par la protection dont ils les entouraient,
par le monopole qu'ils leur assuraient, de les mettre
en état de lutter victorieusement contre les difficultés
et la concurrence tant de l'intérieur que de l'extérieur.
On ne voit pas pourquoi il ne pourrait pas en être de
même, à l'époque actuelle, à l'égard de la forme nouvelle d'industrie que représente l'association ouvrière
coopérative.

C'est se faire une idée erronée de l'effet de ses mesures
à l'égard des associations, que de prétendre qu'elles
leur seraient plus funestes qu'utiles. L'association coopérative de production ne peut, comme nous l'avons
vu, se développer d'une façon indépendante que tout à
fait exceptionnellement. Or, pour qu'elle puisse rendre
vraiment les services qu'on est en droit d'attendre d'elle,
il est nécessaire qu'elle se soit généralisée au sein de la
classe ouvrière. Cette généralité, elle ne peut l'acquérir
que si elle trouve quelque part un appui et cet appui
elle ne peut, dans l'état actuel des choses, le trouver
que dans l'État. Sans doute, elles ne pourront pas se
soutenir si cet appui vient à leur manquer, mais elles
pourront encore moins se créer si cet appui ne leur est
pas accordé.

Vouloir que l'État ou les Villes ne leur facilitent pas
l'accès de leurs travaux publics, c'est en réalité vou-

loir réduire les associations coopératives de production à n'exister jamais qu'à l'état d'exceptions produites par des circonstances particulièrement favorables, sans pouvoir aspirer à faire bénéficier des avantages qu'elles présentent plus qu'une toute petite minorité de la classe ouvrière.

Par contre, il est souhaitable de voir les associations coopératives chercher ailleurs que dans les travaux publics des débouchés à leur activité. Étant donné qu'elles éprouvent des difficultés particulières à s'adresser directement au public, c'est surtout, croyons-nous, dans des groupements de la même nature qu'elles, dans les sociétés coopératives de consommation, qu'elles doivent chercher ces débouchés.

Les sociétés de consommation ne peuvent pas seulement faciliter la création et le développement des associations coopératives de production en leur procurant les capitaux qui leur manquent, elles peuvent encore et surtout, influer sur leur progrès, en s'adressant à elles pour se procurer les marchandises dont elles ont besoin. Les sociétés de consommation constituent l'intermédiaire tout trouvé entre les associations coopératives de production et les consommateurs individuels. Nous verrons plus loin, que toute une école coopérative s'est basée sur la généralisation de ce système. Pour le moment, nous nous contenterons d'indiquer qu'il y a là une direction dans laquelle les associations coopératives de production ne doivent pas hésiter à marcher, tout en

LA PAGE

sociations coopératives à forme peu démocratique, dans lesquelles il est difficile d'obtenir le titre d'associé. On y comprend d'abord, comme nous l'avons vu, les vieilles associations, celles qui ont été fondées pendant la première période du développement coopératif, comme les *ouvriers facteurs de pianos*, les *ouvriers lunettiers*, les *ouvriers en limes*, chez lesquels la forme en nom collectif s'explique parce que c'était la seule qu'elles pussent adopter à l'époque où elles se sont fondées.

Sont encore constituées sous la forme de sociétés en commandite simple, les sociétés coopératives émanant de l'initiative patronale, comme le *Familistère de Guise* et la *Société Leclaire et Cie*.

En dehors de ces associations d'une nature particulière, on trouve encore parmi les sociétés en nom collectif des sociétés comme celle des *ouvriers ferblantiers réunis* (1), fondée en 1866, ou *l'association des imprimeurs sur étoffe*, fondée à Lyon en 1887 et qui a repris le fonds d'un bailleur qui lui cédait la clientèle et l'outillage ; enfin des associations comme celle des *chapeliers du département du Rhône* (Maison Blanc, Bienvenu-Martin et Cie), qui est devenue une société patronale ordinaire, ou celle des *ardoisières de La Grée-Saint-Jean*, près Redon, qui sous la forme de société

____

(1) Cette société offre la particularité d'être une des rares associations coopératives de production qui ait une clientèle particulière, en dehors des entreprises de travaux publics. Elle fabrique en effet spécialement des compteurs à gaz pour la Compagnie du Gaz.

en nom collectif exploite en commun des carrières d'ardoises dont les habitants du village sont en possession depuis un temps immémorial.

Si bien qu'on peut dire d'une façon générale que, toutes les associations qui ont revêtu cette forme, l'ont fait à cause de circonstances exceptionnelles et particulières, et que c'est la forme de société anonyme à capital variable qui est la forme naturelle et normale sous laquelle tendent à se fonder toutes les associations coopératives de production.

Ce sont donc uniquement les règles auxquelles est soumise cette forme de société qui constituent le droit commun des sociétés coopératives et qu'il convient, par suite, d'examiner rapidement.

§ 5

Ces règles sont les suivantes : En premier lieu, en vertu de l'article 23 de la loi de 1867 la société ne pourra se constituer que si les associés sont au moins au nombre de 7.

C'est là une condition qui n'est pas toujours remplie.

L'enquête de l'Office du travail a constaté en effet qu'en 1895, parmi les sociétés qui revendiquaient le titre de sociétés coopératives, il en existait un certain nombre dans lesquelles, par suite de diverses circonstances, les associés s'étaient trouvés réduits à être moins de 7.

Cela a son importance, non seulement au point de

vue de l'observation de la loi, mais même au point de vue coopératif. Il est difficile d'admettre parmi les sociétés coopératives, des associations dans lesquelles les profits sont partagés entre moins de 7 personnes.

En second lieu, la société coopérative, comme toutes les autres sociétés anonymes, ne peut se constituer que si le capital social est entièrement souscrit.

Ce sont là des obligations qui se justifient parfaitement et qui n'offrent pour les sociétés coopératives que des avantages.

Mais il en est d'autres, au contraire, qui présentent à leur égard de sérieux inconvénients.

C'est ainsi que d'après l'article 8 et l'article 55, § 2, la souscription intégrale du capital et le versement de la part prévue par la loi doivent être constatés par un acte notarié dont une expédition devra être déposée au greffe du tribunal dans le mois de la constitution et en même temps que l'acte constitutif de la société. Ce sont là des frais qui grèvent lourdement le budget, en général peu riche, des sociétés coopératives de production. Sans cette exigence de la loi, les associés pourraient, en effet, se passer du ministère du notaire puisqu'aux termes de l'article 55, § 1, les statuts peuvent être faits ou non par acte notarié suivant le gré des sociétaires. En fait, et à raison de l'exigence des articles 8 et 55, § 2, la plus grande partie des sociétés recourent au ministère du notaire dès leur constitution et 70 0/0 des sociétés sont constituées par acte notarié.

En ce qui concerne la rédaction des statuts, sous les réserves qui ont été précédemment établies, les sociétaires conservent une liberté très grande.

Une assemblée générale représentant au moins la moitié du capital social devra être convoquée à la diligence des fondateurs postérieurement à la rédaction de l'acte qui constate la souscription du capital et le versement de 1/10 exigé par la loi à l'effet de nommer des administrateurs, si toutefois les statuts ne se sont pas chargés de ce soin.

En outre, une assemblée générale représentant au moins le quart du capital social devra être réunie chaque année à une époque déterminée par les statuts et sera appelée à délibérer sur la situation active et passive de la société.

Les sociétés coopératives anonymes à capital variable sont en outre astreintes à la formation d'une réserve qui devra être constituée par un prélèvement de 1/20 au moins, fait sur les bénéfices. Ce prélèvement cessera d'être obligatoire, lorsque la réserve aura atteint 1/10 du capital social.

Restent enfin les formalités relatives à la publicité qui doit être donnée à la constitution de ces sociétés.

La société devra, tout d'abord comme nous l'avons dit, faire le dépôt au greffe de la justice de paix ou au tribunal de commerce du lieu où elle a été fondée, du double de l'acte constitutif s'il est sur papier libre, ou d'une expédition, s'il a été fait par acte notarié, et joindre à cet acte, en premier lieu, l'expédition de l'acte notarié constatant la souscription du capital social et le versement obligé, ensuite une copie certifiée des délibérations de l'assemblée générale contenant approbation des apports et enfin, une liste nominative des souscripteurs.

En dehors de ces mesures de publicité, la société anonyme doit encore publier dans le délai d'un mois, et dans l'un des journaux désignés à cet effet, une copie des pièces déposées au greffe.

Telles sont, en quelques mots, les dispositions générales qui constituent le droit commun des sociétés anonymes, et par suite des sociétés coopératives.

§ 6

La législation dont nous avons examiné les principaux traits a soulevé de nombreuses critiques qu'on peut ramener aux points suivants.

On a reproché à la loi de fixer un minimum beaucoup trop bas au capital que pouvaient se constituer les sociétés coopératives. Les associations coopératives de production, dit-on, ne pourront s'étendre et aborder la grande industrie qu'avec un capital élevé et la limite de 200.000 francs qui leur est imposée constitue une entrave à leur développement.

En second lieu les frais de constitution par suite de l'obligation de l'acte notarié sont beaucoup trop élevés et sont de nature à empêcher la formation de sociétés dont les membres ne disposent que de ressources très restreintes.

Enfin, contrairement à l'avis du législateur de 1867 qui avait pensé qu'il était préférable de ne pas définir les sociétés coopératives et de leur laisser adopter librement la forme qui leur conviendrait, on a reproché, d'une façon plus générale, à la loi de n'avoir pas fait de la société coopérative de production un type à part et d'avoir permis ainsi à des sociétés uniquement constituées dans un but de lucre, sous le nom et l'apparence de coopératives, de bénéficier des facilités accordées par la loi aux sociétés à capital variable. La loi n'a pas mis les coopérateurs assez en garde contre ce danger et ne les a pas assez contraints à rester fidèles au principe coopératif sur lequel est établie la société.

C'est là la critique capitale. Faut-il, ou ne faut-il pas faire de la société coopérative de production un type spécial à formes arrêtées et définies ?

La question qui, comme nous l'avons vu, s'était déjà posée en 1865 et avait été résolue par la négative sur la demande des intéressés eux-mêmes, se pose cependant encore à l'heure actuelle et semble devoir recevoir une solution opposée.

En effet à la suite de l'enquête ordonnée en 1883 par M. Waldeck-Rousseau et dont nous avons parlé (1) un projet de loi fut déposé à la Chambre par M. Floquet,

(1) Voir *suprà*, chap. II.

ministre de l'intérieur, le 16 juillet 1888. Ce projet a subi des modifications successives que nous allons passer rapidement en revue, et qui font qu'à l'heure actuelle il n'est point encore devenu définitif.

Il fut voté par la Chambre le 7 juin 1889 sur le rapport de M. Doumer.

Alors que primitivement il ne visait que la formation et le fonctionnement des associations coopératives de production sur lesquelles seules avait porté, comme on se le rappelle, l'enquête de 1883, il sortit de la Chambre à la suite de ce vote, augmenté d'un titre spécial aux sociétés de consommation.

Au Sénat, il subit encore de nouvelles transformations et de nouvelles adjonctions. En effet présenté le 14 février 1890 par M. Constans, ministre de l'intérieur, il fut adopté le 21 juin 1892 avec deux titres nouveaux, relatifs aux sociétés de crédit mutuel et aux sociétés coopératives de construction d'habitations ouvrières.

Le projet revint à la Chambre et y fut présenté par M. Jules Roche, ministre du commerce. Il reçut de nombreuses modifications. Le Sénat avait adopté la limitation du minimum de l'action à 20 francs et du maximum à 100 francs et la fixation de la part maxima de chaque associé à 5.000 francs, l'attribution d'une seule voix par sociétaire dans l'assemblée générale, sauf la faculté pour chacun de disposer d'une voix supplémentaire comme représentant un associé absent ; il avait disposé que les sociétés coopératives ne seraient admises à bénéficier des dispositions favorables du projet qu'à la condition de n'accorder qu'un intérêt maximum de 5 0/0 au capital et de 15 0/0 au plus dans les bénéfices nets à la direction et au conseil d'administration.

La Chambre vota le projet le 27 avril 1893, sur le rapport de M. Doumer, en supprimant la plupart de ces dispositions. Le maximum de l'action (100 fr.) et le maximum de part sociale (5.000 fr.) disparurent du projet. Il en fut de même de la disposition limitant la part à accorder comme rémunération au directeur et aux administrateurs de sociétés coopératives. Le nombre des voix accordées à chaque sociétaire dans les assemblées générales, comme associé ou représentant d'associé, fut porté à 5. L'intérêt du capital fut porté à 6 0/0 au lieu de 5 0/0.

Le projet revint sous cette forme au Sénat le 13 mai 1893. La commission, chargée de l'étude du projet voté par la Chambre, fut d'avis de repousser ces modifications et vota un nouveau projet, sur le rapport de M. Lourties, le 11 décembre 1893.

Ce projet revint à la Chambre le 16 décembre 1893. Il y fut présenté par M. Marty, ministre du commerce. La Chambre, sans le transformer complètement, y apporta cependant un certain nombre de modifications dans la séance du 7 mai 1894, après avoir entendu un nouveau rapport de M. Doumer.

C'est ce projet qui, revenu au Sénat le 7 juin 1894,

sous le ministère de M. Lourties, ministre du commerce, est encore à l'heure actuelle en suspens. Ce projet a fait l'objet d'un rapport de M. Lourties, le 2 décembre 1895, auquel est annexé un projet de loi qui constitue, à l'heure actuelle, le dernier projet législatif sur la matière.

Nous allons examiner les principales modifications qui sont apportées par ce projet à la législation actuellement en vigueur.

Ce projet est parti d'un point de vue absolument opposé à celui de la loi de 1867. Tandis que cette loi n'avait pas voulu, comme nous l'avons vu, définir les sociétés coopératives ni en faire une catégorie spéciale, le projet au contraire les définit, les classifie et édicte pour chaque catégorie d'entre elles un régime légal détaillé et complet.

Il reconnaît 4 espèces de sociétés coopératives, celles de consommation, celles de crédit, celles de production et enfin les sociétés coopératives mixtes, c'est-à-dire les sociétés agricoles ou autres qui réunissent les caractères des sociétés des trois premières espèces ou de deux seulement d'entre elles.

En ce qui concerne spécialement les sociétés coopératives de production, le projet de loi les définit ainsi : « Celles qui ont pour but l'exercice en commun de la profession des associés, la vente des objets fabriqués ou travaillés par eux ou produits par leur exploitation, l'acquisition et l'emploi à l'usage exclusif des associés de machines ou instruments quelconques. »

Le projet organise pour cette sorte de sociétés un régime spécial. Toutefois, celles des sociétés qui ne voudront pas l'adopter, pourront continuer à prendre les formes prévues par la loi de 1867 et rester sous l'empire de la législation antérieure, mais elles demeureront des sociétés à capital variable et n'auront pas droit au titre de sociétés coopératives.

Le régime spécial organisé pour les sociétés coopératives proprement dites se caractérise par les traits suivants.

Tout d'abord les formalités relatives à leur constitution sont simplifiées. L'article 2 du projet spécifie expressément qu'elles pourront être formées soit par acte notarié, soit par acte sous seing privé fait en double original, et qu'il suffira, pour que la société soit légalement constituée, de déposer au greffe de la justice de paix un des doubles de cet acte et un simple extrait sur papier libre de la déclaration signée des fondateurs, que le capital a été souscrit et que le versement obligé a eu lieu.

C'est la suppression de l'obligation de l'acte notarié. « Il y avait là, en effet », disait M. Lourties dans son rapport, « une entrave sérieuse à la création et au développement des sociétés coopératives, surtout dans les professions où la matière première, le matériel et l'outillage sont d'un prix minime, et où le minimum des sociétaires et de capitaux permis par la loi est suffisant pour commencer l'entreprise coopérative. »

La seconde des réformes apportées par le projet concerne la limitation du capital social.

La limitation du capital social initial à 200.000 fr. est supprimée, et l'article 4 déclare que le capital social initial peut être fixé par les statuts à un chiffre quelconque.

En troisième lieu, en ce qui concerne les actions, le minimum est abaissé de 25 francs à 20 francs. Elles ne peuvent être de plus de 100 francs. Comme par le passé, elles doivent rester nominatives après leur entière libération, et le conseil d'administration conserve son droit de contrôle sur les transferts qui peuvent en être faits.

Le capital reste naturellement susceptible d'augmentation et de diminution par suite de l'adjonction de nouveaux membres, ou de la retraite des anciens. Toutefois, l'article 13 décide, que si le capital social se trouve réduit à la moitié de sa valeur primitive, les administrateurs devront convoquer l'assemblée générale et la société sera dissoute si cette assemblée n'en décide pas la continuation.

Le Sénat est revenu à son projet antérieur en décidant, que chaque associé n'aurait droit qu'à une voix et ne pourrait avoir plus d'une voix comme mandataire de membres non présents. C'est là une condition nécessaire si l'on veut que les sociétés coopératives conservent une forme démocratique.

Cette disposition était, dans le projet primitif du Sénat, augmentée d'une autre, destinée à produire le même effet et qui ne permettait pas que la part d'un associé dans le capital social pût dépasser 5.000 fr., de façon à éviter que les actions et les voix ne finissent par se concentrer chez un petit nombre d'individus qui auraient pu modifier les statuts à leur profit exclusif et au détriment des ouvriers et autres associés. La disposition relative au maximum de part sociale a disparu du projet définitif, on a craint d'ajouter par là aux difficultés déjà si nombreuses que rencontre la constitution du capital : les gros actionnaires sont assez rares, pour que l'on ne se prive pas de leur concours éventuel.

L'institution de la réserve est non seulement maintenue, mais fortifiée. Le prélèvement qui sert à l'alimenter et qui dans les autres sociétés est du 20ᵉ, est élevé dans les sociétés coopératives au 10ᵉ, et cesse seulement lorsque la réserve a atteint la moitié du capital social constaté par le dernier inventaire.

L'article 28 consacre encore une dérogation très importante au droit commun, c'est que la part des bénéfices attribuée par les statuts à la direction et au conseil d'administration ne peut dépasser 15 0/0.

En dehors de ces dispositions restrictives, le projet contient au profit des sociétés coopératives la consécration d'une prérogative très importante.

Elle leur permet de s'associer entre elles pour poursuivre un but commun et de se former en *unions* ou *syndicats* pour la défense de leurs intérêts, dans les formes de la loi du 21 mars 1884.

Ces unions, conformément à cette loi, jouiront de la personnalité civile. Elles pourront posséder les immeubles nécessaires à leurs réunions. Elles pourront, comme l'a déjà fait la chambre consultative, dont le projet reconnaît ainsi l'utilité et consacre l'existence légale, créer et administrer des Offices de renseignements pour les offres et demandes de travail, ainsi que pour tout ce qui touche aux intérêts de la coopération. Toutefois, ces unions ne pourront se transformer, tout au moins en ce qui concerne les unions de sociétés de production en une véritable société coopérative, les syndicats ou unions formés dans les termes de la loi de 1884, ne pouvant faire le commerce. Mais ce ne serait pas faire le commerce que de faciliter l'échange entre les diverses sociétés productrices de leurs produits et de constituer en quelque sorte un entrepôt des produits coopératifs, auquel pourraient venir s'adresser soit la société de consommation, soit les consommateurs ordinaires.

∴

Toutes les dispositions que nous venons d'étudier sont applicables, non seulement aux sociétés de production, mais à toutes les sociétés coopératives des quatre catégories déterminées par le projet. Mais les sociétés de production font, dans le projet, l'objet d'un titre spécial et de dispositions tout à fait particulières.

La disposition capitale de ce titre est celle qui oblige les sociétés de production, constituées dans les formes de la loi, à faire participer à leurs bénéfices, tout leur personnel même non associé. Nous avons déjà cité antérieurement cette disposition. Nous rappellerons seulement, qu'elle détermine que cette participation devra être de 50 0/0 au moins des bénéfices nets annuels, et que, par contre, l'intérêt accordé au capital et prélevé comme charge sociale, ne pourra dépasser 5 0/0.

En dehors de cette disposition le projet en contient une autre particulière aux associations de production, c'est que, il ne pourra être procédé à aucun accroissement du capital avant le versement de la moitié au moins du montant des actions précédemment souscrites. Il y là une mesure prise dans l'intérêt des tiers qui ne doivent pas être trompés par une augmentation de capital factice qui porterait à accorder aux affaires de la société, une importance et une prospérité qu'elles ne possèdent pas.

On a fait de nombreuses critiques à ce projet.

On lui a reproché de substituer à une réglementation assez simple, capable d'embrasser dans sa généralité toutes les infinies variétés de la coopération, des cadres étroits qui seraient de nature à en entraver le développement. C'est là, nous semble-t-il, une critique singulièrement exagérée.

Les sociétés coopératives qui ne voudront pas se soumettre aux prescriptions de la loi ni bénéficier de ses faveurs pourront toujours comme par le passé, prendre la forme qui leur conviendra, en nom collectif, en commandite ou anonyme, dans les formes de la loi de 1867. Mais les dispositions nouvelles auront pour effet d'empêcher les sociétés qui les adopteront de s'écarter des principes véritables de la coopération, et de ne pas leur permettre de dégénérer en de simples sociétés actionnaires. Il en est ainsi, notamment de la disposition qui rend la participation aux bénéfices obligatoire, ainsi aussi de la limite apportée aux profits accordés à la direction, ainsi encore des dispositions qui limitent le nombre des voix dont peut disposer chaque associé.

Sans doute, il est bon de laisser à l'initiative individuelle un large champ, surtout en matière d'association où les formes de groupements sont en nombre infini ; mais lorsque l'initiative individuelle a fait ses preuves, lorsque par son libre choix, elle a dessiné les voies dans lesquelles elle voulait s'engager de préférence, il faut reconnaître à l'État le droit, dans l'intérêt même des associations, de délimiter ces voies nouvelles d'une façon précise, de façon à éviter à celles qui voudraient les prendre, des erreurs dont elles pourraient être les premières à souffrir.

§ 7

Il nous reste à examiner, en ce qui touche la législation des associations coopératives de production, un dernier point : ce sont les dispositions fiscales applicables à ces associations.

L'une des grosses difficultés, en matière de coopération, c'est de savoir si les sociétés coopératives seront soumises à la patente. La difficulté se rencontre, surtout en ce qui concerne les sociétés coopératives de consommation. Mais la question présente aussi un intérêt, en ce qui touche les sociétés de production.

En principe, toutes les sociétés coopératives de production sont imposées à la patente. En effet, elles le sont à raison de leur caractère commercial, toutes les fois qu'elles traitent avec le public et qu'elles lui offrent leurs produits, ce qui est la règle générale. Elles cesseraient toutefois de l'être si, formées par des sociétés de consommation, elles ne livraient leurs produits qu'à ces sociétés, leurs actionnaires (1).

Un seul arrêt a été rendu en cette matière par le Conseil d'État, le 5 décembre 1891, et il a maintenu à la patente comme entrepreneur de maçonnerie une Société coopérative de maçons au Mans, qui avait fait divers travaux à l'entreprise pour le compte de la ville et de quelques particuliers.

La question présente aussi un intérêt, en ce qui concerne la *Banque coopérative des associations ouvrières de production*.

En principe, pour qu'une société coopérative de crédit soit imposable à la patente, il faut qu'elle pratique habituellement des opérations avec les tiers ; les opéra-

(1) Dalloz, *Suppl.*, V° *Patente*, n° 552.

tions faites avec ses propres sociétaires ne constituent que des opérations purement civiles (1).

En partant de ce principe, la *Banque coopérative des associations ouvrières de production* avait demandé, en juin 1896, à être déchargée de la patente, en se basant sur ce fait que la banque ne faisait d'affaires qu'avec ses propres actionnaires et n'avait dès lors aucun caractère commercial. La commission des contributions directes a rejeté cette demande par le motif que, si la Banque coopérative qui est montée par actions ne fait d'opérations qu'avec ses propres actionnaires, les bénéfices qui sont réalisés, sont répartis, non pas proportionnellement au montant des opérations effectuées par chaque actionnaire, mais d'après le nombre d'actions dont chaque membre est porteur, de telle sorte, que tel actionnaire qui n'a fait pour son compte aucune opération. touche cependant des dividendes en dehors de l'intérêt de 5 0/0 attribué à chaque action. Et la commission propose, en conséquence, de l'inscrire au rôle des patentes sous la rubrique de « tenant comptoir d'avances et de prêts ».

Il semble que ce soit là une solution contraire à la jurisprudence du Conseil d'État qui s'est toujours basée uniquement, sur ce que les sociétés faisaient des opérations avec des tiers ou uniquement avec les associés.

C'est ainsi que le Conseil d'État avait décidé d'abord,

(1) Dalloz, *Suppl.*, V° *Acte de commerce*, n° 30.

qu'une société coopérative de crédits ouverte à ses seuls membres pour ce qui concerne les opérations d'escompte ou de comptes-courants, mais ouverte au public pour les dépôts de fonds et de titres, devait être inscrite au rôle des patentes, l'accession du public quant aux dépôts lui enlevant le caractère exclusif de mutualité qui pourrait seul l'affranchir de ce droit (Cons. d'État, 31 janv. 1891, *Crédit mutuel et populaire*). Mais cette société devenue depuis une société fermée a cessé d'être imposée.

Il semble, en se référant à cette jurisprudence, que la *Banque coopérative des associations ouvrières* devrait être exonérée de la patente.

En dehors de la patente, les sociétés coopératives de production bénéficient de quelques autres exemptions d'impôts.

Les actes à passer pour leur constitution ainsi que les reconnaissances de prêts faits par l'État à des associations doivent être enregistrés gratis (Loi du 15 nov. 1848). Ces actes restent toutefois soumis au droit de timbre.

Ces dispositions déjà anciennes ont été reprises par le nouveau projet que nous avons analysé qui a ajouté à la dispense du droit d'enregistrement celle du droit de timbre, pour tous les actes nécessaires à la formation ou à la dissolution de la société, pour tous les actes dont le dépôt est obligatoire, pour les livrets et certificats constatant les parts sociales et pour les pouvoirs en vue de la représentation aux assemblées générales. Le droit de timbre resterait toutefois applicable aux actions.

Le droit de timbre est payé par abonnement en vertu de l'article 22 de la loi du 5 juin 1825, d'après un droit annuel de 0.05 0/0 du capital de chaque action émise. Ce droit est exigible au moment où le titre est émis, et la taxe annuelle, due dans le cas d'abonnement, demeure exigible pendant toute la durée de la société telle qu'elle a été liquidée par le contrat, même dans le cas où le capital social serait réduit (1). Il en est ainsi encore d'après le projet de M. Lourties. L'article 23 pose en effet que l'abonnement au timbre ne subira aucune réduction quelle que soit la diminution du capital social. Mais par contre, en cas d'émissions nouvelles, contrairement au droit commun, les droits de timbre resteront les mêmes tant que le capital social soumis à l'abonnement ne sera pas dépassé.

Les sociétés coopératives ne sont naturellement pas soumises à la taxe d'accroissement, le droit de chaque adhérent n'étant pas transmis aux autres par l'effet de sa retraite ou de son exclusion, mais demeurant exclusivement personnel, et passant à ses héritiers (2).

Les sociétés coopératives de production sont exemptées de l'impôt de 4 0/0 sur le revenu des valeurs mobilières.

(1) Dalloz, *Supp.*, V° *Timbre*, n° 1393.
(2) Dalloz, *Supp.*, V° *Enregistrement*, n° 3166.

L'article 2 de la loi des 4-10 décembre 1875 décide en effet que l'exemption de cet impôt est accordée aux *parts d'intérêts* dans les sociétés dites de coopération formées exclusivement entre ouvriers et artisans au moyen de cotisations périodiques.

Une difficulté s'était élevée touchant le point de savoir si l'exemption qui n'était accordée qu'aux *parts d'intérêts* pouvait s'appliquer aux actions, lorsque les sociétés ouvrières étaient constituées sous la forme anonyme ou en commandite. L'administration de l'enregistrement avait appliqué la taxe de 4 0/0 à une société de cochers qui avait revêtu cette forme (Décis. min. fin., 7 avril 1887). L'administration déduisait en effet des termes de la loi que l'exemption ne s'appliquait pas aux emprunts souscrits ni aux obligations émises par les sociétés, et qu'elle ne pouvait s'appliquer non plus à celles, parmi ces sociétés, qui n'étaient pas uniquement composées d'ouvriers réunis *intuitu personarum* ou qui n'étaient pas uniquement alimentées par des cotisations.

Mais une doctrine nouvelle a prévalu depuis un avis de 1897. L'administration admet maintenant que toutes les associations ouvrières qui adhèrent à la *Chambre consultative* doivent, malgré la qualification d'actions employée pour la désignation des titres, être considérées plutôt comme des sociétés de personnes que comme des sociétés de capitaux. Cela résulte du fait que la plupart de ces associations remboursent leurs titres aux membres qui quittent l'association et en délivrent d'autres aux nouveaux adhérents, sans recourir aux transferts autorisés par les statuts. En outre on constate que les admissions de nouveaux membres ne sont prononcées en principe qu'à la suite d'une appréciation des qualités et aptitudes personnelles de chaque candidat. C'est là la preuve que ces associations sont surtout formées entre ouvriers qui se connaissent et qui stipulent en considération de leurs personnalités respectives, ce qui est la caractéristique des sociétés de personnes, par opposition aux sociétés de capitaux.

En conséquence l'administration a admis que toutes les associations ouvrières adhérentes à la *Chambre consultative* bénéficieraient de l'exemption posée par la loi de 1875.

Le nouveau projet consacre aussi cette exemption sous une réserve. L'article 22 stipule en effet que les sociétés coopératives de production et de crédit, contrairement aux sociétés coopératives de consommation, sont dispensées de l'impôt sur le revenu attribué aux actions ou aux parts d'intérêts, avec cette restriction que cette exemption ne s'appliquera qu'aux sociétaires, dont le capital versé, constaté par le dernier inventaire, ne dépassera pas 2.000 francs.

Telles sont les seules faveurs et exemptions dont les sociétés coopératives de production bénéficient.

CHAPITRE X

ATTITUDE DES DIVERSES ÉCOLES EN FACE DES ASSOCIATIONS
COOPÉRATIVES DE PRODUCTION. — CONCLUSIONS.

§ 1

Après avoir étudié quel avait été l'idéal rêvé par les
précurseurs et les théoriciens de la coopération, quels
avaient été, dans la dernière moitié du siècle, les résultats
de cette idée dans la pratique et quels étaient les principaux traits de l'organisation des associations qui existaient à l'heure actuelle, nous allons examiner quelle
a été et quelle est l'attitude des diverses écoles économiques comme des différents groupes politiques en
face de la production coopérative, considérée comme
facteur nouveau du développement social.

C'est là une question capitale pour l'avenir et le développement de l'organisation coopérative de la production. Les organisations coopératives, en effet, ne pourront
se généraliser que du jour où une école économique
ou politique aura déterminé en leur faveur un mouvement d'opinion assez puissant pour amener les ouvriers
en masse à la pratique coopérative. Car même encore à
l'heure actuelle, rares sont ceux qui dans la classe ou-

vrière comprennent l'utilité que peuvent leur offrir les associations coopératives de production. Les plus intelligents, l'élite seule, y pénètrent. Les autres, ou bien ne parviennent pas à réunir les quelques économies qui seraient nécessaires pour leur en ouvrir l'entrée, ou bien même, lorsque cet obstacle ne se présente pas ou a été surmonté, éprouvent une certaine répugnance à senrôler dans des organisations qui leur pa raissent un peu tyranniques, et dont les avantages lointains ne leur apparaissent pas assez nettement pour leur faire accepter la contrainte et les sacrifices du présent. Beaucoup d'ouvriers en effet voient dans la coopération un lien, alors qu'il leur plaît de ne dépendre de personne, de pouvoir du jour au lendemain quitter l'atelier où ils travaillent et auquel rien ne les rattache, pour entrer dans un autre.

Or, aucune école ne montre en faveur des associations coopératives assez de sympathie pour leur amener ainsi l'opinion.

La plupart des écoles se montrent à l'égard de la coopération de production indifférentes ou hostiles. Quelques hommes seulement, noyés au milieu des partis plus puissants ou plus bruyants continuent seuls en faveur de la coopération, du coopératisme, selon le nom qu'ils ont donné à leur école, une campagne qui depuis quelques années a certainement contribué pour une bonne part au développement du mouvement coopératif que nous constatons au début de cette étude, bien que cependant l'école coopératiste n'accorde aux associations coopératives de production sa faveur et son intérêt que sous les plus expresses réserves.

Peut-être faut-il voir dans cette indifférence à l'égard des associations coopératives de production, indifférence qu'expliquent et que justifient les nombreuses difficultés qu'elles rencontrent, et les nombreuses objections théoriques ou pratiques auxquelles elles se heurtent, une cause, qui à côté de ces difficultés et de ces objections mêmes, a laissé au développement coopératif cet aspect fragmentaire et incomplet que nous avons pu constater.

Malgré le lien d'ailleurs un peu fragile, qu'a noué entre elles la *Chambre consultative*, les associations coopératives de production se présentent encore à l'état isolé ; et si dans cet état, elles peuvent offrir pour les quelques individus qui en font partie des avantages sérieux et notables, il faut bien reconnaître que, comme l'avaient dit ses précurseurs et ses théoriciens, elles n'offriraient en réalité d'intérêt au point de vue social que si elles se généralisaient, de façon à modifier, non plus seulement au profit de quelques ouvriers, mais au profit de la classe ouvrière tout entière, les conditions de la production et de la rémunération du travail.

Un tel résultat est-il possible ? C'est ce que se sont demandé toutes les écoles, et c'est ce que nous nous demanderons à notre tour après avoir passé en revue les différentes réponses qui ont été faites.

.·.

Si nous prenons tout d'abord les représentants de
l'école classique, fidèles successeurs de la doctrine man-
chestérienne, partisans résolus de la liberté sous la
forme du laissez-faire et du laissez-passer, nous trouverons chez eux à côté d'une certaine sympathie toute
théorique en faveur des associations coopératives de
production, des critiques qui en détruisent tout l'effet.

M. Leroy-Beaulieu par exemple qui est à l'heure actuelle l'un des principaux représentants de cette école
reconnaît que la coopération de production doit séduire
les ouvriers par deux avantages, l'un moral et l'autre
matériel (1) ; le premier consistant en ce que l'ouvrier
devient ainsi son propre maître, son propre patron ;
le second, en ce que les bénéfices de l'entreprise lui
échoient en totalité.

Mais, si cette forme d'association peut, dans certains cas, offrir des avantages aux associés, et par conséquent si M. Leroy-Beaulieu ne la proscrit pas complètement, il ne lui accorde pas, par contre, le droit
de prétendre à se développer au delà de certaines limites ni à apporter des modifications radicales dans les
conditions de la production.

L'association coopérative de production ne peut aspirer à supprimer et à remplacer par la forme de
rémunération qui lui est propre, la forme de rémunéra-

____

(1) Leroy-Beaulieu, *Traité d'Economie politique*, t. II, p. 625 et s.

tion actuelle du travail, le salariat. C'est qu'en effet l'un des principes fondamentaux du système de M. Leroy-Beaulieu, c'est que, sans le salaire comme base habituelle de la rémunération (1) aucune production un peu grande, compliquée, ne serait possible ; aucune vaste et progressive combinaison ne pourrait passer dans la pratique parce qu'aucun ouvrier ou subordonné ne saurait sur quoi compter ; que tout devis, toute prévision sera privée d'appui, et que personne, ni les exécuteurs ni l'inspirateur, que celui-ci soit un être collectif ou un être individuel, n'aura sa liberté. En d'autres termes, et comme il le dit encore, le salaire constitue la loi de répartition la plus naturelle et la plus précise, celle qui correspond le mieux à la plupart des transactions humaines, et c'est en même temps une méthode incomparable qui laisse à chacun sa responsabilité propre. Ainsi, selon lui, rien ne fait prévoir une disparition qui plongerait le monde économique dans le chaos.

Il est très certain qu'avec un tel principe, l'école classique ne peut admettre la production coopérative, que dans la mesure où elle tend à améliorer le salariat et non lorsqu'elle vise à le transformer. C'est dire en un mot qu'elle admet l'association coopérative dans tout ce qu'elle n'a pas de coopératif.

Un autre point de sa doctrine conduit encore M. Le-

(1) Leroy-Beaulieu, *op. cit.*, II, p. 210.

roy-Beaulieu à repousser l'idée du développement des associations coopératives de production. Il pose en effet en principe que le profit d'une entreprise ne résulte que de la capacité de l'entrepreneur. Et il admet bien qu'il n'est pas possible qu'un groupe d'ouvriers coopérateurs réussisse à constituer une organisation qui soit très habilement conduite et qui réalise des bénéfices notables, de même qu'il en échoit parfois à des groupes d'actionnaires, mais il prétend que ce n'est pas comme coopérateurs qu'ils obtiennent ce résultat, c'est en tant qu'hommes ayant su ou ayant pu se procurer des gérants très capables.

De là découle naturellement pour M. Leroy-Beaulieu la conséquence que « les principes mêmes de la coopération et la subordination qu'ils prétendent établir, du capital au travail et de l'élément intellectuel à l'élément du travail manuel, sont des conditions plutôt défavorables à ce succès ». Aussi le succès des coopératives de production doit-il être et restera-t-il, toujours d'après lui, tout à fait exceptionnel et ses entreprises ne pourront jamais se généraliser, toute entreprise étant, ou condamnée à périr, ou, si elle réussit, à devenir une entreprise purement patronale. M. Leroy-Beaulieu déclare que la généralité des associations de production ayant réussi, soit en France, soit à l'étranger, ont cessé d'être des associations coopératives, et que, si elles en ont gardé l'enseigne, c'est uniquement parce que celle-ci est d'un bon effet sur une certaine nature de clients.

Sans doute il y a dans toutes ces critiques adressées aux associations coopératives de production une part de vérité : pourtant l'examen que nous avons fait des associations coopératives qui existent à l'heure actuelle, a déjà montré que ces critiques n'étaient pas absolument justifiées et qu'elles contenaient une part d'exagération. Un certain nombre d'associations, sont parvenues à la prospérité en restant absolument fidèles aux principes coopératifs et si quelques autres ont, avec le succès, perdu quelques-uns des caractères qu'elles présentaient au début, il est au moins exagéré de dire qu'elles ne présentent plus que l'étiquette coopérative.

Si nous avons pu critiquer certaines dispositions de la *Société des ouvriers lunettiers* par exemple ou des *Ouvriers facteurs de pianos*, il faut cependant convenir que ces sociétés présentent encore le caractère coopératif, ne serait-ce que par ce fait qu'elles admettent encore, dans des proportions beaucoup trop limitées, il est vrai, un certain nombre de leurs ouvriers à entrer dans l'association en leur permettant de constituer leur capital par les retenues qui seront faites sur leurs bénéfices futurs ; c'est là tout au moins un caractère qui les différencie des entreprises actionnaires et patronales ordinaires.

En résumé, l'attitude de l'école classique vis-à-vis de la production coopérative s'explique et se définit par cette formule empruntée à M. Leroy Beaulieu (1). « La

(1) *Op. cit.,* p. 640.

coopération est un mécanisme ingénieux qui reproduit à l'heure présente l'évolution par laquelle ont passé les sociétés à leur premier âge : elle groupe des hommes ayant plus de qualités personnelles que de capitaux et leur permet grâce à une solidarité complète de droit ou tout au moins de fait, d'améliorer leur situation ; *la coopération est donc un excellent instrument de sélection.* »

Nous verrons tout à l'heure que c'est par ce côté justement relevé par l'école classique, que les associations coopératives de production soulèvent les critiques des véritables coopérateurs et de l'école coopératiste.

L'école classique se contente donc, en ce qui concerne les associations coopératives de production, fidèle en cela à ses principes, de contempler les efforts de ceux qui luttent pour établir cette forme nouvelle de la production sans vouloir ni les encourager, ni les décourager complètement, mais avec le pessimisme un peu dédaigneux qu'elle professe à l'égard de toutes les tentatives qui ont pour but de transformer la situation actuelle de l'organisation industrielle.

§ 2

A côté de l'école classique, l'école de Le Play garde à l'égard de la production coopérative une attitude qui n'est pas beaucoup plus encourageante. Toutefois à ce point de vue on peut, dans cette école, distinguer, suivant les périodes, deux tendances.

Tout d'abord cette école apparaît nettement opposée à toute idée de coopération sous quelque forme qu'elle se présente et notamment à la production coopérative.

L'idéal de Le Play se trouve en effet, non pas dans une *association coopérative* qui tend forcément à introduire l'égalité entre ses membres, mais au contraire dans une *association corporative* fortement hiérarchisée et établissant dans la profession la discipline qui, dans tout organisme social, que ce soit la famille ou l'État, est le fondement de toute prospérité.

Le Play ne croit pas à l'importance du mouvement coopératif, ni à la possibilité de son développement et dans son livre sur l'*Organisation du travail* il se contente de dire, en ce qui la concerne, que l'association de production ne joue aucun rôle appréciable parmi les ouvriers européens et que rien n'indique qu'il doive en être autrement dans l'avenir. Dans son livre sur l'Angleterre, il ne prononce même pas le nom des associations coopératives.

Cette attitude a été gardée par toute l'école catholique qui s'inspire des idées de Le Play. C'est ainsi que la célèbre encyclique du pape Léon XIII du 15 mars 1891, *de conditione opificum*, ne dit rien des associations coopératives.

C'est ainsi encore que la *Réforme sociale* dirigée par les disciples de Le Play s'est montrée à leur égard constamment indifférente ou hostile. M. Ingram s'exprime ainsi sur leur compte (1) : « L'espoir de réaliser le système coopératif sur une échelle quelque peu vaste est un espoir tout à fait décevant ; on a cherché à attirer dans les entreprises coopératives toute l'épargne des classes ouvrières et l'on oublie ainsi que la destination de cette épargne n'est pas un placement industriel, mais bien plutôt la satisfaction éventuelle de certains besoins domestiques, ce qui indique qu'il faut soigneusement la soustraire à toute chance aléatoire. C'est une illusion de croire que ce système transforme l'ouvrier en capitaliste ; il a, au contraire, englouti de vastes épargnes, sans rendre pour cela les ouvriers plus moraux, plus riches ou plus économes. »

C'est là une critique qui, en présence des résultats donnés par la coopération, ne nous semble pas fondée. S'il est, au contraire, un résultat que la pratique de la coopération ait amené, c'est précisément le développement chez les coopérateurs des qualités de moralité et d'économie.

D'ailleurs depuis quelques années, l'attitude de l'école de Le Play en face des associations coopératives de production a un peu changé (2).

On a pu remarquer que la pratique de la coopération

---

(1) *Réforme sociale*, 1881, I, p. 48.

(2) Voir notamment deux articles de la *Réforme sociale* : La petite bourgeoisie d'après une enquête officielle à Gand, 16 fév. 1899. La coopération en Belgique, 16 avril 1899. Voir aussi *Les Associations ouvrières et les Associations patronales*, par Henry Clément, *Réf. soc.*, 1er nov. 1899.

avait surtout pour effet de permettre à la petite industrie qui disparaît peu à peu dans le développement de l'industrie centralisée à capitaux puissants, de se reconstituer sous une forme nouvelle. Là où un seul artisan, par ses seules forces, avec les épargnes modestes dont il dispose, eût été incapable de lutter, plusieurs artisans ou ouvriers réunis joignant leurs forces et leurs capitaux dans une entreprise coopérative pourront lutter avec avantage et avec succès. Les ouvriers coopérateurs remplacent ainsi peu à peu dans certaines industries les artisans indépendants de l'ancienne organisation manufacturière.

Ce seul résultat a suffi pour attirer à la coopération plus de sympathie de la part de l'école que nous étudions.

Elle a vu là un moyen qui pouvait permettre à un certain nombre d'ouvriers, de sortir de leur classe, de ne pas s'enrégimenter dans les rangs des ouvriers de la grande industrie, de constituer à côté de la classe ouvrière proprement dite, une sorte de bourgeoisie ouvrière.

Or l'école de Le Play, voit justement dans le développement de cette classe d'artisans indépendants, la garantie du progrès et de la paix sociale. Aussi ne se montre-t-elle plus hostile à la coopération, que lorsqu'elle tend à prendre la forme, ou de la grande industrie ou du grand commerce, ce qui est le cas des associations coopératives de consommation, surtout sous la forme centralisée qu'elles revêtent depuis plusieurs années, notamment en Belgique, avec les coopératives fondées sur le modèle du *Vooruit*. Mais elle ne s'attaque plus à la coopérative de production, qui, par suite de sa nature même, lui paraît devoir rester étroitement enfermée dans les limites de la petite industrie et de la petite production. Elle préconise surtout l'association coopérative de production en tant qu'elle est corporative (1) et si c'est le syndicat de la profession, syndicat constitué sous la forme mixte qui lui est chère, qui prend l'initiative de sa fondation.

Malgré ce changement d'attitude, on ne peut pas s'attendre à voir jamais l'école de Le Play devenir nettement favorable à l'association coopérative de production.

Il y a entre l'organisation de la société coopérative et l'organisation familiale de la société, telle que l'ont rêvée Le Play et que l'imaginent ses disciples, trop de différences pour que jamais l'accord complet se fasse entre les deux écoles et qu'il puisse y avoir entre elles autre chose que des points de contact furtifs et passagers.

§ 3

Après ces deux écoles, chez lesquelles nous avons rencontré, à l'égard de la production coopérative, une hostilité plus ou moins déguisée, nous arrivons à un philoso-

---

(1) *Reforme Sociale*, 1899, p. 627.

phe dont les doctrines sont, au contraire, nettement favorables à la coopération de production, c'est Herbert Spencer. Dans son livre sur les *Institutions professionnelles* qui forme le couronnement de ses études de sociologie, il conclut résolûment en faveur des associations dans lesquelles, suivant la définition de M. Schloss qu'il reprend, les ouvriers se dirigent eux-mêmes et s'attribuent une part dans les bénéfices ; c'est-à-dire les associations coopératives de production.

Les avantages de la coopération et les causes qui, malgré les difficultés qu'elle rencontre et dont quelques-unes resteront toujours extrêmement difficiles à surmonter, assureront cependant son succès, lui paraissent être les suivants.

En premier lieu, cette forme de production permet de reconstituer sous une autre forme le travail à la pièce qui rencontre tant de défaveur dans le milieu ouvrier, et qui pourtant donne au travail une productivité si considérable.

Chacun des ouvriers, en effet, étant pour une part directeur de l'entreprise et participant à ses bénéfices, s'efforcera de produire dans le temps demandé la plus grande somme de travail possible, ce qui est le résultat cherché avec l'organisation du travail à la pièce. D'autre part, l'inconvénient qui se présente d'ordinaire, lorsque le travail est organisé de cette façon, ne peut pas se rencontrer dans les associations coopératives de production, il ne peut pas y avoir baisse arbitraire du prix de l'unité de travail dans le but de réduire le salaire effectif, puisque, dans ce cas, ce qui serait perdu par les ouvriers d'un côté comme salaire, serait regagné d'un autre par eux sous forme de participation à des bénéfices qui seraient augmentés d'autant.

Donc, premier avantage de la production coopérative, augmentation considérable de la productivité du travail.

La coopération de production offre, en outre, un second avantage qui est comme le premier, à la fois matériel et moral.

La jalousie entre ouvriers disparaît, chaque ouvrier recevant exactement ce que lui rapporte son travail ; en même temps il y a élimination automatique des paresseux, chacun sachant que, plus il travaillera, plus il gagnera, et devant à raison de ce fait, constituer vis-à-vis de son voisin un surveillant actif et diligent.

Il en résulte par conséquent, une diminution de la surveillance autoritaire. Non seulement les causes de mésintelligence qui résultent de l'autorité du patron sur ses ouvriers diparaissent, mais le coût même de cette surveillance décroît dans une proportion notable. La fonction directrice dont l'organisation constitue une des principales difficultés de l'organisation coopérative, verra par conséquent diminuer progressivement son importance relativement à celle des autres éléments et par conséquent, la difficulté s'atténuera d'autant, en même temps que l'économie réalisée de ce fait s'augmentera dans les mêmes proportions.

Enfin cette forme d'organisation de la production présente encore un avantage accessoire.

Les ouvriers fixant eux-mêmes le prix des travaux qui ne peuvent être exécutés que par un groupe d'ouvriers réunis et non par un seul ouvrier isolé, comme dans l'industrie minière, par exemple, et en confiant la direction à l'un des leurs, il en résultera la suppression de ce que l'on appelle en France le marchandeur et tâcheron, contre l'immixtion duquel dans l'organisation de l'industrie et dans le partage des bénéfices, les ouvriers ont élevé à maintes reprises des plaintes justifiées.

Ce sont, d'une part, tous ces avantages qui amènent M. Herbert Spencer à croire au développement futur des associations coopératives de production.

Elles se trouvent, en outre, suivre la loi de développement de toute organisation sociale.

En effet, c'est une loi générale et c'est là un second point de vue, que dans toute organisation, la réglementation doit devenir de moins en moins coercitive à mesure que la société devient d'un type plus parfait. L'organisation du travail a traversé ainsi une série de phases dont chacune s'est trouvée marquée par une diminution de la contrainte exercée sur les travailleurs.

La première phase, c'est l'esclavage, dans laquelle la dépendance des travailleurs est absolue, la domination du maître complète, et la contrainte qu'il exerce aussi puissante que possible. Vient ensuite le servage ou la contrainte tout en restant très puissante diminue cependant ; le lien qui rattache le serf au maître étant devenu territorial au lieu de personnel. La forme qui suit, c'est le salariat, dans laquelle l'ouvrier peut bien à la rigueur être considéré comme libre lorsqu'il accepte de donner tant d'heures de travail pour un salaire convenu, mais où, dans tous les cas, lorsqu'il exécute ce travail, il n'est plus libre puisqu'il est sous l'autorité absolue du chef d'atelier qui peut le maintenir ou le congédier à son gré.

La coopération dans laquelle le travailleur manuel est son propre maître, représente le minimum de coercition et, par conséquent, la forme la plus parfaite d'organisation du travail. Cette organisation est tout entière basée sur le contrat libre, au lieu de l'être sur l'autorité : chaque membre s'entendant librement avec le groupe dont il fait partie pour accomplir son travail moyennant une somme équivalente à celle qu'il aura produite sans se trouver soumis à aucune autorité.

L'association coopérative de production répond encore dans l'ordre du développement économique à une autre loi générale, c'est que la récompense doit toujours tendre à se mieux proportionner au mérite. Tandis qu'avec le salariat, cette proportionnalité est nécessairement incomplète et rudimentaire par suite de la fixité du salaire ; qu'elle n'existe à aucun titre dans les formes antérieures, esclavage ou servage ; dans la forme de la coopération qui exclut tout arbitraire, une adaptation complète de la récompense au mérite s'effectue nécessairement.

C'est peut-être là le principal mérite que M. Spencer attribue à l'association coopérative (1).

Toutefois, si M. Spencer se montre, au point de vue théorique, incontestablement favorable à la coopérative de production, au point de vue pratique, il reconnaît que l'heure n'a pas encore sonné de son succès. Mais il espère, que les corps coopératifs qui existent à l'heure actuelle pourront être les germes d'une organisation qui s'étendra progressivement. Obtenir d'y être admis, deviendra l'ambition de tous les membres de la classe ouvrière. Par conséquent, ces corps tendront continuellement à absorber les catégories supérieures, laissant en dehors les individus d'ordre inférieur qui continueront à travailler comme salariés. Le premier groupe tendra d'ailleurs constamment à s'accroître aux dépens du second. Le succès de ces organisations ne peut d'ailleurs être douteux, car le type ordinaire d'organisation industrielle, comportant patron et ouvriers avec lequel elle entrera en concurrence, ne pourra résister au groupe coopératif dans lequel la force de productivité est forcément beaucoup plus grande et le coût de surveillance beaucoup moindre.

(1) En ce sens en effet l'association de production résout d'une façon empirique la question de savoir comment doit se partager le produit entre le capital et le travail, problème qui paraît à peu près insoluble en théorie. Voir Gide, *Rev. d'Ec. pol.*, janv. 1900.

C'est là une façon différente d'envisager ce résultat incontestable de la production coopérative qui consiste en ce que les associations coopératives de production se recrutent surtout parmi l'élite de la classe ouvrière et qu'elles lui enlèvent en quelque sorte les meilleurs de ses membres.

M. Spencer voit là un résultat heureux ; les écoles que nous allons envisager ensuite voient au contraire, et avec raison selon nous, dans ce résultat la critique la plus sérieuse que l'on puisse faire à la coopération de production.

§ 4

A côté des économistes et des philosophes, si nous prenons les partis politiques, celui dans lequel nous rencontrerons le plus de sympathie à l'égard des associations coopératives de production, c'est le parti radical et le parti radical-socialiste.

Mais ce parti ne voit dans cette forme d'association qu'un moyen de perpétuer et de défendre la petite propriété contre la concentration croissante des capitaux et l'envahissement de la grande industrie. Toutefois, l'un des représentants les plus autorisés de ce parti, M. Bourgeois, a donné de la coopérative de production une idée plus large. Partant de l'idée de *solidarité* sur laquelle il établissait son système politique, il a trouvé dans l'association coopérative de production l'une des formes par lesquelles la solidarité se manifeste le mieux, et il y a vu l'un des modes généraux d'organisation de la société future et le moyen pour le travailleur de s'émanciper (1).

Au banquet d'inauguration du nouveau siège de la *Chambre consultative* et de la *Banque coopérative des associations ouvrières de production* il s'exprimait dans ces termes, dans lesquels il résumait à peu près son opinion en ce qui concerne le développement de l'organisation coopérative : « Vous donnez au parti démocratique l'exemple de la société de demain, et nous reconnaissons avec joie la société que nous voulons... Vous avez un idéal social excellent, c'est la détermination du travail et du capital et la répartition équitable du capital et des profits... Nous vous sommes reconnaissants de ce que vous faites dès aujourd'hui, en établissant les rapports entre le capital et le travail, et de ce que vous avez choisi la base morale de la propriété individuelle, la propriété individuelle que nous respectons, car elle est acquise conformément à la justice et à l'équité. »

Nous croyons que c'est se faire illusion sur les tendances et sur les principes des associations coopératives de production, que de leur attribuer ce caractère et que la coopérative comprise ainsi, si elle peut dans certains cas offrir des exemples d'une utilité pratique, ne peut pas du moins constituer un idéal de société nouvelle, ni apporter aucun changement notable dans l'organisation sociale (2).

(1) V. Léon Bourgeois, *Solidarité.*
(2) M. Waldeck-Rousseau, au banquet des Associations coopéra-

§ 5

Nous arrivons maintenant à l'école socialiste.

A priori, on s'attendrait à trouver chez les socialistes une tendance sympathique aux associations coopératives de production.

Entre les coopérateurs et les socialistes, il y a une parenté étroite tant au point de vue de l'origine que des tendances. Comme les coopérateurs, les socialistes se réclament des noms de Fourier, d'Owen, de Louis Blanc. Comme eux, ils veulent substituer à l'ancienne forme de production, une nouvelle dans laquelle l'ouvrier aura droit à la totalité du produit de son travail.

Mais cela a été complètement démenti par les faits ; et c'est au contraire chez les socialistes, que les associations coopératives ont souvent rencontré les adversaires les plus violents.

En effet, même les écoles qui ne sont point favorables à la coopérative de production, refusent tout au moins d'y voir un danger et n'entrent pas en lutte contre elle. Tandis qu'entre les socialistes et les coopérateurs, il y

tives de production, qui a eu lieu à Saint-Mandé, dans les premiers mois de 1900, a, dans un très éloquent discours, fait l'apologie de la Société coopérative de production. Il résume dans une très heureuse formule, la modification qu'elle tend à produire et le résultat qu'elle tend à atteindre. « Il faut, a-t-il dit, que le capital travaille et que le travailleur possède. » C'est ce qui arrive lorsque le capital n'est rémunéré que par un intérêt fixe ou un dividende limité, qui lui sert de salaire, tandis que les bénéfices sont partagés pour la totalité entre les travailleurs.

a eu souvent lutte ouverte, les socialistes voyant dans les coopérateurs leurs ennemis les plus dangereux.

Les critiques que les socialistes font aux coopérateurs sont de deux sortes.

Ils leur reprochent tout d'abord de pactiser avec l'état de choses actuel, et de vouloir modifier la société sans arriver à l'expropriation complète par l'État, sans laquelle toute réforme ne pourra jamais, selon eux, constituer qu'un palliatif inefficace. C'est ce qui arrive avec la coopération. Au lieu de la prétendue réforme qu'elle prétend effectuer, elle n'arrive qu'à reconstituer sous une autre forme la propriété individuelle qu'elle voulait abolir.

La seule différence, c'est qu'au lieu d'appartenir à un seul, cette propriété appartiendra à plusieurs, unis entre eux. Mais la propriété coopérative n'en continuera pas moins à exclure de la direction et des profits de l'entreprise la grande masse des ouvriers, c'est-à-dire tous ceux qui ne sont pas associés de la coopérative.

Il faut avouer que les associations coopératives de production ont souvent prêté le flanc à de pareilles attaques, lorsque, comme un certain nombre de celles que nous avons vues, elles excluaient de toute participation dans les bénéfices, ceux-là mêmes des ouvriers qui travaillant pour leur compte n'avaient pas cependant obtenu le droit de s'associer à l'entreprise.

De cette première critique se déduit la seconde.

C'est que, dans ces conditions, l'association coopérative de production est plutôt de nature à nuire aux intérêts de la classe ouvrière prise dans son ensemble, en lui enlevant tous ceux de ses membres qui étaient les plus intelligents et les plus actifs, pour en faire des petits capitalistes, c'est-à-dire des individus qui, par suite du principe de la lutte de classe, seront nécessairement en opposition d'intérêts avec leurs anciens compagnons de travail. Toute organisation coopérative serait donc à ce point de vue destinée à affaiblir la classe ouvrière (1).

On a pu enfin trouver quelquefois dans la bouche des socialistes une troisième critique dirigée contre les associations coopératives de production, celle-là purement théorique. Ils ont prétendu, en effet, que l'œuvre tentée par ces associations serait nécessairement stérile, et qu'elle ne pourrait arriver à relever les salaires.

Ce serait là l'effet de la fameuse *loi d'airain des salaires* : toute augmentation de salaire se traduisant nécessairement par une augmentation d'offre de travail amène nécessairement ensuite une baisse de son prix, et les salaires ne peuvent jamais, par suite de cette loi, s'élever au-dessus de ce qui est strictement nécessaire à l'ouvrier pour vivre. L'augmentation de salaire pro-

____

(1) C'est là, justement, le terrain sur lequel se sont placés les organisateurs de la *Verrerie ouvrière*, et c'est à cette critique qu'ils ont essayé de répondre en lui donnant l'organisation que nous avons décrite.

duite par la pratique de la coopération, même si elle s'était généralisée, serait donc toute apparente et bientôt suivie d'une baisse qui replacerait les choses dans l'état antérieur.

C'est à raison de toutes ces critiques, que l'école socialiste s'est montrée tout à fait opposée aux associations coopératives de production.

Karl Marx n'accordait aucune importance aux associations ouvrières. Il était convaincu qu'en petit, elles étaient stériles et ne pouvaient avoir qu'une valeur expérimentale très limitée ; quant à leur développement, il lui paraissait tout à fait impossible. Toutefois, il consentait cependant à considérer ces associations, au point de vue théorique tout au moins, comme des signes précurseurs de l'avenir et comme constituant une forme transitoire entre la société actuelle et la production socialiste.

C'est sous ce rapport, et aussi à cause du succès de quelques-unes de ces associations pendant la seconde période du développement coopératif en France, que dans la pratique Karl Marx a quelquefois préconisé la pratique de l'association de production, opposée aux associations coopératives de consommateurs qui lui paraissent tout à fait stériles (1). C'est cette opinion qui

(1) M. G. Sorel, dans un article de l'*Emancipation*, 1899, n° 2, avait contesté que Karl Marx pût être considéré comme un adversaire des coopératives de production et, se basant sur le texte de l'*Adresse inaugurale de l'Internationale*, il avait prétendu que Marx s'était constitué le défenseur de ces associations. Mais M. Bancel,

s'affirme dans la résolution du congrès de Genève, rédigée par Karl Marx, et ainsi conçue : « Nous recommandons aux ouvriers, de beaucoup plus s'occuper de la coopération productive que des magasins coopératifs ; ces derniers ne touchant que la surface de la société économique actuelle, tandis que les premiers l'atteignent dans ses bases. Pour éviter que les sociétés coopératives ne dégénèrent en de simples sociétés de commandite bourgeoises, il faudrait que tous les travailleurs par elle occupés, qu'ils soient ou non actionnaires, touchent une part égale. Comme mesure temporaire seulement, on pourrait attribuer aux actionnaires un intérêt modéré. »

Mais on peut dire que ce n'est là dans l'histoire de l'école socialiste qu'une résolution exceptionnelle. L'échec de la plupart des associations coopératives à la fin de la seconde période, et le caractère aristocratique et bourgeois qu'avaient pris celles qui avaient survécu ne tardèrent pas à éloigner de plus en plus de la coopération de production les sympathies du parti

dans une série d'articles en réponse à celui de M. Sorel (*Emancipation*, 1899, n°s 4, 5 et 6), a parfaitement montré que pour Karl Marx et pour Engels, la coopération ne pouvait dans tous les cas avoir qu'une importance secondaire, et que leur pensée pouvait se résumer ainsi : après l'action étatiste plus ou mois longue, d'une longueur indéterminable et indéterminée, après cette action étatiste, mais alors seulement, la coopération pourrait s'établir, mais cette coopération, ce n'est plus alors que le collectivisme. C'est ainsi seulement qu'on peut considérer Karl Marx, comme partisan de la coopération.

socialiste. Cet état de choses devait aboutir à une scission complète entre les deux mouvements.

Cette séparation eut lieu lors du congrès du Parti Ouvrier à Marseille en 1879 (1). Dans la séance du 24 octobre, M. Isidore Finance faisait la déclaration suivante :

« La coopération n'est qu'un nom, c'est le plus grand commun diviseur des forces ouvrières. »

Et le congrès vota la résolution suivante :

« Considérant :

« 1° Que le travailleur ne peut par son salaire équilibrer son budget ;

« 2° Que, par conséquent, toute économie étant d'une impossibilité absolue, il ne peut atteindre de par le rachat, le but social qui est la possession des instruments de travail, dont la valeur est de plus de 150 milliards ;

« 3° Que les sociétés coopératives de production ou de consommation ne peuvent améliorer le sort que d'un petit nombre de travailleurs ;

« Le Congrès,

« Déclare que ces sociétés ne peuvent aucunement être considérées comme des moyens assez puissants pour arriver à l'émancipation du prolétariat.

« Que néanmoins ce genre d'association pouvait rendre des services comme moyen de propagande pour la diffusion des idées collectivistes révolutionnaires,

_____

(1) De Seilhac, *Congrès ouvriers*, p. 35.

dont le but est de mettre les instruments de travail entre les mains des travailleurs, il doit être accepté au même titre que les autres genres d'association, dans le seul but d'arriver le plus vite possible à la solution du problème social par l'agitation révolutionnaire la plus active. »

Nous voilà loin de l'idéal coopératif et admettre l'association coopérative dans ces conditions, c'est tout uniment en proscrire la pratique.

Depuis cette époque les différents congrès qui se sont succédés, tout en se montrant moins nettement hostiles à la production coopérative, ne lui ont jamais fait de part spéciale dans leurs préoccupations.

Depuis quelque temps d'ailleurs le parti socialiste semble sinon tout à fait revenir à la coopération, tout au moins manifester plus de sympathie en sa faveur, en lui faisant d'ailleurs subir certaines modifications.

C'est tout d'abord en France l'exemple de la *Verrerie ouvrière*.

Mais c'est surtout en Belgique que ce mouvement s'est dessiné. Ce n'est pas, d'ailleurs comme on pourrait le croire, d'après les idées de Karl Marx, en faveur de la coopération de production, mais au contraire, en faveur de la coopération de consommation vis-à-vis de laquelle le philosophe allemand se montrait si dédaigneux.

L'exemple le plus connu est l'association socialiste coopérative de consommation le *Vooruit*, fondée à

Gand en 1881 par quelques ouvriers socialistes auxquels le syndicat des tisseurs avait fait une avance de 2.000 francs (1). Cette association constitue surtout un groupement politique qui s'appuie sur la coopération de consommation pour s'assurer des ressources.

Quoique le *Vooruit* soit surtout une société de consommation, il se rattache cependant à la production coopérative, à cause des différents ateliers de production qui lui appartiennent et qui alimentent ses magasins de vente. Il ne faut pas oublier non plus que c'est surtout la boulangerie coopérative qu'il contient qui a servi à lui assurer sa prospérité.

Le mouvement commencé par le *Vooruit* à Gand, s'est continué dans presque toute la Belgique et les associations coopératives constituent maintenant en Belgique, la principale forteresse du parti socialiste, forteresse d'où, comme l'a dit un des leurs, les ouvriers bombardent l'organisation actuelle à l'aide de pommes de terre et de pains de quatre livres.

En outre tout un parti de l'école socialiste, légèrement dissident de la doctrine de Karl Marx, les social-démocrates, à la tête desquels se trouve Bernstein, se montre très favorable à l'association coopérative et se rallie presque aux doctrines de l'école coopératiste que nous allons maintenant étudier.

(1) Circulaire du Musée social, série A, n° 20.

§ 6

Nous arrivons, en effet, maintenant, à l'école qui se réclame directement de la coopération, considérée non seulement comme une pratique avantageuse, mais comme un moyen de transformation de la société.

Quelle a été l'attitude de cette école à l'égard des associations ouvrières de production?

Nous la trouvons exposée dans un article de M. Gide (1), intitulé *La coopération et les transformations qu'elle est appelée à réaliser dans l'ordre économique*, qui constitue en quelque sorte le programme de l'école néo-coopératiste. Cette école se montre peu favorable aux associations ouvrières de production considérées isolément.

« L'expérience, dit M. Gide, semble démontrer que l'association de production, en tant qu'association autonome et fonctionnant par ses propres moyens, est impuissante à apporter aucune modification notable dans l'état de choses actuel. La plupart de ces associations, malgré des efforts héroïques et qui, bien dirigés, auraient dû soulever le monde, ont échoué, ou, ce qui est un symptôme beaucoup plus grave encore, celles mêmes qui ont réussi ont dû payer leur succès plus cher qu'il ne vaut, en sacrifiant plus ou moins le principe qui est l'âme même de la coopération et qui avait

____
(1) *Rev. d'Ec. pol.*, 1889, p. 480.

inspiré leurs fondateurs, à savoir l'émancipation progressive de la classe ouvrière ; et on les a vues, en effet, se transformer en associations de petits patrons, faisant travailler pour leur compte et sous leurs ordres, un nombre considérable d'ouvriers salariés ; le seul résultat est d'avoir facilité à un petit nombre d'ouvriers d'élite le moyen de s'élever au rang de patron. »

M. Gide ajoute, en outre, à cette critique un autre reproche qui atteint l'institution des associations ouvrières de production dans son principe même, c'est que toute association de production est nécessairement égoïste en ce qu'elle a une tendance à faire prédominer l'intérêt particulier des membres de l'association, sur l'intérêt général de la classe ouvrière. Et si l'on suppose que ces associations deviennent un jour assez puissantes pour devenir maîtresses du marché, il faut craindre qu'elles n'usent de leur puissance uniquement pour chercher à augmenter les prix et n'arrivent à constituer de véritables monopoles, aussi dangereux que les monopoles de producteurs capitalistes.

L'association coopérative de production ne doit donc pas être encouragée d'une façon spéciale, ni au point de vue du présent, ni au point de vue de l'avenir.

Au point de vue du présent, le seul résultat qu'elles aient donné, prouve même qu'elles offrent un danger que nous avons déjà vu constater par l'école socialiste, c'est que, en facilitant l'accès des meilleurs de la classe ouvrière au patronat, elles dépouillent cette classe de tous les membres sur l'intelligence et l'activité desquels elle pouvait le plus légitimement compter pour arriver à son émancipation. Elle est privée de ce que M. Gide appelle « le levain qui fait lever la pâte », et ainsi le développement des associations coopératives de production est plutôt de nature à retarder l'avènement des réformes qu'attend avec impatience la classe ouvrière.

Mais si l'association coopérative de production offre ces inconvénients, lorsqu'elle est pratiquée seule, la situation change complètement si on la subordonne aux associations coopératives de consommation, qui les fondront et les dirigeront. Là est le système particulier de l'école néo-coopératiste.

C'est seulement à l'aide de ce système que cette école arrive à faire de la coopération, un facteur puissant de transformation sociale.

En premier lieu, cette conception répond à l'ordre logique.

Il est certain, en effet, que la consommation est le but et la fin de toute activité humaine. On ne produit que pour que ces produits soient consommés, et c'est la satisfaction du consommateur, ce sont ses besoins qui sont la règle de toute production.

Sans doute. quelquefois la production peut arriver à influer sur la consommation, soit en l'augmentant, soit en la dirigeant particulièrement dans un sens, mais ce n'est là qu'un mouvement factice, et tôt ou tard, la consommation redevient la véritable maîtresse du marché.

Il serait donc logique que la direction de l'industrie fût entre les mains du consommateur; que ce fût lui qui commandât selon ses besoins,et que le producteur ne fît qu'obéir à ses ordres, à ses commandes.

Au lieu de cela, dans l'état actuel de la société, c'est le producteur qui joue le rôle principal, c'est lui qui est chargé de la direction. Il en résulte nécessairement, qu'il se sert de l'influence qui lui est donnée dans son intérêt particulier, sans se soucier de l'intérêt général du consommateur. M. Gide exprime cette situation anormale, en comparant l'organisation actuelle de la production à une pyramide qui serait posée sur la pointe au lieu de l'être sur la base large et stable de la consommation.

Aussi cet équilibre instable est-il souvent rompu. Et c'est de cette rupture que proviennent les crises de surproduction qui sont le fléau de l'industrie moderne.

Le mal s'affirme encore davantage par les moyens que l'on a essayé de trouver pour y remédier, par la constitution de ces puissantes associations de producteurs, syndicats, trusts, ou cartels qui essaient par la constitution de monopoles extrèmement puissants, de réglementer la production au profit exclusif de leurs membres.

La coopération, pour l'école néo-coopératiste, donnera le moyen de remettre l'ordre dans cet état anarchique.

En effet, ce qui a permis aux producteurs de prendre ainsi une place prépondérante à laquelle ils n'ont nul droit, c'est que les consommateurs qui sont la force et le nombre, sont toujours restés séparés et désunis. Si l'on suppose qu'ils constituent entre eux une union, une ligue dans le genre de celles qu'ont faites les producteurs dans leur propre intérêt, ils ne tarderont pas à prendre une puissance à laquelle rien ne pourra résister. Et alors tout changera de face. Les consommateurs prendront conscience de leurs besoins, commanderont directement aux producteurs les quantités qui leur seront nécessaires et à des prix qui ne seront plus fixés par les caprices d'une production, limités seulement par les nécessités de la concurrence qu'elle se fait à elle-même, et par les quantités de produits qu'il lui plaît de jeter en quantité plus ou moins abondante sur les marchés, mais qui seront déterminés d'après l'intérêt réel tant du producteur que du consommateur. En effet, les consommateurs d'abord unis en face des producteurs, arriveront forcément à s'emparer de la production et à la constituer à leur profit.

Pour arriver à ce résultat, la voie est simple et les étapes sont brèves.

Les consommateurs devront d'abord se réunir en sociétés de consommation, telles que celles qui existent à l'heure actuelle (1).

____

(1) *Rev. d'Ec. pol.*, *loc. cit.*, p. 482.

Au second stade, ces coopératives se grouperont entre elles, feront masse et constitueront des magasins de gros comme il en existe en Angleterre, de façon à faire la conquête de l'*industrie commerciale*.

Dans une troisième période, les coopérateurs tendront à la conquête de l'*industrie manufacturière*, en commençant à l'aide des capitaux qu'auront acquis ces sociétés de gros, à produire directement pour leur compte les produits d'alimentation ou de vêtements les plus usuels.

Enfin, dans une dernière période, les coopératives de consommation tendront à conquérir l'*industrie agricole* en acquérant des domaines et en les cultivant pour leur compte.

C'est là, comme nous l'avons vu, ce qui commence à se réaliser en Angleterre et tel était le programme des coopérateurs anglais (1) et notamment de Vansittart Neale. Pour eux en effet, des sociétés de consommation qui ne viseraient pas, au moins comme à un idéal auquel elles tendraient, à ne vendre que des choses produites coopérativement, ne seraient pas en réalité coopératives dans le vrai sens du mot. Et en fait, les sociétés de gros sont déjà entrées fort avant dans cette voie.

∴

Les avantages d'une telle organisation, d'après l'école

______

(1) *Rev. d'Ec. pol.*, 1891, p. 689.

néo-coopérative, du jour où elle se serait étendue de façon à devenir générale, seraient incontestables.

Plus de crises industrielles, puisque le producteur recevant directement les commandes de consommateurs saurait exactement ce qu'il faut produire et ne risquerait pas de rester avec des marchandises inemployées.

Par conséquent, plus de chômage non plus ; puisque l'industrie n'aurait plus de ces à-coups brusques qui forcent les patrons à expulser une partie de leurs ouvriers. La consommation reste, en effet, toujours sensiblement la même et ces heurts ne proviennent que de la mauvaise organisation actuelle de l'industrie.

Cette organisation procurerait une économie notable dans la production, puisqu'elle permettrait de faire disparaître la plus grande partie des intermédiaires qui s'interposent entre le producteur et le consommateur et qui prélèvent sur le consommateur des bénéfices auxquels ne correspond aucun avantage réel pour lui.

Une modification considérable résulterait aussi de cette organisation, par ce fait que la concurrence internationale se trouverait forcément supprimée. « En effet, comme le dit M. Gide, les consommateurs réunis en associations ne peuvent pas avoir d'intérêts hostiles entre eux, ils n'ont qu'un seul intérêt, le même pour tous, se procurer la plus grande abondance de biens avec le moins de frais possible : et cet intérêt du consommateur se confond absolument avec les intérêts

généraux et permanents de la société, considérée dans
son ensemble et de l'humanité tout entière. Et c'est
par là que la coopération devra forcément jouer ce rôle
de paix, de solidarité et d'harmonie, non point par la
magie de quelques formules sonores mais par la force
même des choses, c'est-à-dire par l'identité désormais
établie, entre les intérêts particuliers et l'intérêt général. »

Enfin, comme le remarque encore M. Gide, la généralisation de cette organisation coopérative arrivera à
transformer complètement les bases de la société et de
la propriété. Ainsi se trouvera, en fait, atteint l'idéal
poursuivi par la classe ouvrière : exercer la production avec des instruments de travail lui appartenant.

Dans l'ordre de choses actuel c'est le capital qui est
propriétaire et touche les bénéfices, dans le régime
coopératif, par un renversement de la situation, c'est
l'ouvrier en tant que travailleur ou consommateur qui
sera propriétaire et qui touchera les bénéfices, et le
capital se trouvera réduit au rôle de simple salarié.

La société ainsi constituée revêtira un aspect qui res-
semble singulièrement à celui que cherchent à lui donner les collectivistes, et elle se présentera en outre,
avec un caractère fédéraliste très nettement caractéri-
sé ; toute la vie économique se groupera en effet autour
des centres coopératifs ayant leur autonomie propre et
leur administration particulière, et le réseau coopératif
se superposera ainsi aux divisions politiques, de façon

à constituer des groupements économiques à côté et au-dessus des groupements politiques constitués sur la base territoriale (1).

§ 7

Mais soit qu'on les envisage à l'état actuel, soit qu'on les considère dans l'état de développement que rêve pour eux l'école néo-coopératiste, ces groupements coopératifs rencontrent et rencontreront en face d'eux une autre série de groupements ouvriers, les groupements syndicaux.

Quels peuvent et quels doivent être les rapports entre les syndicats et la coopération, soit qu'on l'envisage sous la forme de coopération de production autonome, soit qu'on la considère avec l'apparence que lui donne l'école néo-coopératiste ?

M. Gide (2) voit dans les syndicats un point d'appui nécessaire pour le développement de la coopération. Il estime que les syndicats auraient dû prendre dans une certaine mesure la direction du mouvement coopératif : chaque chambre syndicale commençant par constituer une coopération de consommation, et au lieu de distribuer aux membres les bénéfices du magasin coopératif, les versant dans sa caisse. Lorsque le capital ainsi

____

(1) V. sur le néo-coopératisme, son histoire, ses tendances et ses résultats possibles, un article de A.-D. Bancel, paru dans *L'Effort*, revue fédérale de littérature de sociologie et d'art, janvier et février 1900.

(2) La Coopération et son avenir, *Revue socialiste*, 1888, I, p. 595.

amassé serait suffisant, on s'en servirait pour constituer un atelier social dans lequel tous les membres du syndicat pourraient au besoin trouver de l'ouvrage. Enfin, cet atelier social constitué, le syndicat ouvrirait un magasin coopératif où l'on vendrait au public le produit de ces ateliers sociaux.

Il y aurait là un avantage, à la fois au point de vue syndical et au point de vue coopératif; les syndicats trouvant dans cette pratique le moyen d'employer l'activité de leurs membres et se procurant ainsi des ressources; la coopération, d'autre part, trouvant un appui dans la solidarité professionnelle de tous les membres des syndicats.

C'est ce qu'on a tenté de faire en Belgique avec les sociétés coopératives du genre du *Vooruit*: mais nous avons vu qu'en France, la réalisation de ce projet avait rencontré peu de faveur et trouvé de nombreuses difficultés du côté des organisations syndicales.

En Angleterre où, comme on le sait, les organisations syndicales sont particulièrement développées, la question des rapports qui devaient s'établir entre les trade-unions et les organisations coopératives, a préoccupé les partisans de l'un et l'autre mouvement. Cette question a fait notamment l'objet d'une étude de Mlle Béatrice Potter dont on connaît les sympathies et pour le mouvement syndical et pour le mouvement coopératif, dont elle s'est faite l'historienne. Dans une conférence faite à Tynemouth au congrès d'août 1892, elle a étudié les relations qui doivent exister entre les trade-unionistes et les coopérateurs.

Nous croyons intéressant de résumer ici ces idées qui nous paraissent contenir une vue complète du problème.

Les trade-unions d'une part, et les organisations coopératives de l'autre, constituent les deux formes de l'organisation de la démocratie industrielle moderne et doivent toutes les deux être mises sur le même plan et se prêter un mutuel appui. Elles doivent se développer toutes les deux parallèlement et il n'est pas possible d'espérer le développement complet de l'une de ses organisations indépendamment du développement de l'autre.

Mais si le mouvement syndical et trade-unioniste est simple en ce sens que toutes les organisations syndicales sont construites sur le même plan et d'après les mêmes principes, le mouvement coopératif se présente, au contraire, sous une forme double avec d'un côté les associations coopératives de production, de l'autre, les associations coopératives de consommation.

Ces deux formes, pour Mlle Potter, doivent s'exclure. Il faut adopter l'une ou l'autre.

Or Mlle Béatrice Potter, comme M. Gide et comme l'école néo-coopératiste, abandonne résolument l'association coopérative de production, pour des raisons à peu près analogues à celles que nous avons déjà trouvées chez eux. En effet, si d'abord, la coopérative de production est envisagée à l'état isolé, comme elle se présente actuellement, et si elle prétend entrer en concurrence avec les organisations patronales antérieurement existantes, elle est forcée d'adopter leurs procédés. Pour ne pas succomber, étant donnée la concurrence effrénée qu'elle aura à subir, elle sera forcée d'économiser sur la main-d'œuvre comme le font les patrons, et l'on pourra voir ainsi des associations coopératives réduisant leurs ouvriers salariés à de véritables salaires de famine.

Si maintenant on suppose que la coopération de production est arrivée à franchir les difficiles étapes du début et à se développer de façon à étendre sur l'ensemble de la production un vaste réseau d'associations, le seul résultat sera de constituer aux dépens du consommateur, un monopole aussi oppressif que peut l'être celui des capitalistes réunis en trusts.

En fait, Mlle Béatrice Potter constate, qu'en Angleterre tout au moins, ce qu'elle appelle l'atelier à gouvernement autonome (self government workshop) se compose simplement d'un petit nombre de capitalistes ne travaillant pas, et d'un grand nombre d'ouvriers non associés, et que l'on ne peut guère attendre de l'avenir que le mouvement coopératif de production se développe autrement. La Révolution industrielle qui a amené une concentration de plus en plus grande des capitaux, a rendu, en effet, extrêmement difficile, pour ne pas dire impossible aux ouvriers d'acquérir la propriété de leurs instruments de travail, sans devenir des capitalistes indépendants. L'association de production convenait surtout au temps où l'industrie était domestique et manuelle, et l'âge des machines et de la grande industrie a amené la mort de l'association de producteurs, aussi certainement qu'il a fait disparaître les formes rudimentaires d'industrie, par exemple le tisseur à la main.

Par conséquent, Mlle Béatrice Potter estime que ce n'est pas de ce côté que les coopérateurs devront tourner leurs efforts. C'est uniquement du côté des associations coopératives de consommation. Pour celles-là tout est avantage et résultat certain. Ce sont elles qui offrent le moyen de faire passer peu à peu entre les mains de la classe ouvrière la direction de l'industrie.

Mais même en supposant qu'elles aient pris une extension aussi large qu'on peut le supposer, le mouvement trade-unioniste n'en conserve pas moins à côté d'elles une très grande utilité.

D'une part, en effet, la coopération, sous forme d'associations coopératives de consommation dirigeant la production, ne peut pas englober toutes les industries ; il y en a certaines, comme les services publics, les postes, les chemins de fer, les distributions d'eau et de gaz qui resteront toujours en dehors de son cercle d'action. Dans ces industries, quelle que soit la forme qu'elles revêtent, l'utilité des trade-unions continuera à se manifester comme par le passé.

D'autre part, et en supposant même par hypothèse que cette exception puisse ne pas exister et que la coopération s'empare de toute la production, il sera encore nécessaire qu'en face de l'organisation coopérative, il y ait un contre-poids, qu'en face des consommateurs unis, les producteurs soient eux aussi représentés par une union puissante, qu'à côté des associations coopératives, se dressent les associations syndicales, les trade-unions.

En effet, les associations coopératives étant d'abord des associations de consommation, seront forcément guidées par le désir de vendre à meilleur marché leurs produits, et cet intérêt est directement opposé à celui du producteur qui, lui, veut avant tout le maintien d'un salaire suffisant, de ce que les Anglais appellent *standard of life*, et c'est là ce qu'aura pour but de défendre la trade-union.

L'expérience a montré déjà son utilité, même en face des associations coopératives, cette utilité ira croissant à mesure que l'extension de ces associations deviendra plus considérable.

C'est là un des côtés de la question.

Reste un second point de vue.

Les trade-unions ne suffiraient-elles pas à elles seules, sans les associations coopératives, à assurer l'avenir de la classe ouvrière ?

Non, répond Mlle Béatrice Potter, le trade-unionisme ne peut pas à lui seul, quelque développement qu'on lui suppose, apporter une solution complète de la question sociale. Comme l'exprime Mlle Béatrice Potter, dans une image saisissante, contre le roc inébranlable de la rente, tous les orages du trade-unionisme se déchaînent en vain. Il faut quelque chose de plus que l'association des travailleurs, pour réaliser l'idéal qui consiste à faire recueillir à ces travailleurs, la totalité du produit de leur travail. Comme simples travailleurs, ils n'arriveront jamais à la suprématie, parce qu'ils seront toujours obligés de se plier aux nécessités de la production. Il faut qu'en même temps qu'ils luttent contre l'oppression comme travailleurs, ils luttent aussi pour la possession de l'industrie comme consommateurs.

Le bon unioniste, dit Mlle Béatrice Potter, doit nécessairement joindre à cette qualité celle de membre d'une société coopérative de consommation, nationale ou locale.

Cela est encore nécessaire à un autre point de vue, inverse de celui que nous avons rencontré tout à l'heure. L'association syndicale n'envisage forcément que l'intérêt particulier de ses membres, auxquels elle se préoccupe avant tout, de faire obtenir une rémunération supérieure, aux dépens même quelquefois de l'intérêt commun de la nation. Il lui est indifférent d'occasionner par ses réclamations une surélévation du prix des produits fabriqués qui peut être désastreux pour l'industrie nationale.

Il y a par conséquent, en ce qui concerne l'organisation de l'industrie, des questions qu'il vaut mieux ne pas laisser à décider aux trade-unions seules, là aussi il y a la nécessité d'un contre-poids. Le rêve mal défini d'investir les trade-unions d'un pouvoir absolu et sans contrôle sur les nécessités de la branche d'industrie qu'elles représentent, doit être repoussé comme un idéal absolument faux. Chaque travailleur, avant même d'être un travailleur, est citoyen, il appartient à une collectivité, des intérêts de laquelle il a le devoir de se soucier. Cette collectivité, c'est aux consommateurs réunis en associations d'en représenter les intérêts. D'où la nécessité des coopératives en face des trade-unions.

La conclusion pratique que Mlle Béatrice Potter dégage de ces idées, c'est que chacune de ces deux branches de l'organisation industrielle moderne a le devoir de travailler autant qu'il sera en son pouvoir au succès et à la prospérité de l'autre. L'ouvrier coopérateur qui n'est pas en même temps membre d'une trade-union manque à tous les principes de solidarité entre tous les membres de la classe ouvrière, puisqu'il ne se soucie pas du maintien d'un salaire suffisant pour ceux qui concourent à l'établissement du produit qu'il consomme. D'autre part, le trade-unioniste qui n'est pas coopérateur, forge lui-même sa chaîne d'esclavage, puisqu'il se retire volontairement de la lutte qui tend à établir la suprématie de la démocratie ouvrière organisée, sur l'industrie.

Mais les deux organisations ne doivent pas se fondre en une seule, les syndicats ouvriers employant les capitaux dont ils pourraient disposer à fonder des associations coopératives. Mlle Béatrice Potter, au contraire, voit plutôt les deux organisations se développer parallèlement, d'une façon indépendante, et traitant entre elles, en quelque sorte de puissance à puissance.

Mlle Béatrice Potter esquisse un plan des rapports journaliers qui doivent s'établir entre les deux organisations.

Lorsque, par exemple, un ouvrier arrivera dans une ville et qu'il cherchera le local de la trade-union, il faudra que le secrétaire de cette union lui remette immédiatement l'adresse du magasin coopératif le plus proche et l'y fasse inscrire. Et de même, quand un magasin coopératif recevra un nouveau membre, il faudra que son adresse et son nom soient immédiatement indiqués au secrétaire du trade-council (bureau de la fédération des unions dans chaque district) lequel le signalera immédiatement au secrétaire de la trade-union de sa profession qui s'occupera de l'y faire adhérer.

Il faudra en outre, que la société coopérative, généralement plus riche et plus prospère, mette à la disposition de l'union locale, pour les fêtes ou les meetings qu'elle peut vouloir donner, ses bâtiments.

Les associations coopératives devront prescrire sévèrement la vente dans leurs magasins de tous les produits qui leur seront signalés par les unions au moyen de la marque ou *label*, comme ayant été fabriqués par des ouvriers payés d'un salaire de famine, de façon à obvier autant que possible au développement du *sweating-system*.

Il faudra enfin que les associations coopératives s'engagent à ne pas faire travailler leurs ouvriers dans les ateliers de production qu'elles peuvent posséder avec un salaire inférieur à celui fixé par la trade-union de la profession.

Moyennant cet appui mutuel et ces concessions réciproques, les deux organisations pourront marcher de front dans la lutte contre l'organisation actuelle de l'industrie, et conquérir dans l'ordre économique l'indépendance que les révolutions ont assurée à tous les citoyens au point de vue politique.

Si les deux mouvements se réunissent franchement et s'appuient fortement l'un sur l'autre, ils ont devant eux la plus belle tâche à remplir ; grâce à eux le sweating pourra disparaître, l'exagération du nombre des heures de travail ou toute autre forme de l'oppression industrielle deviendra impossible, l'industrie pourra être libérée des prélèvements illégitimement faits et le travailleur véritablement délivré. Mais sans une véritable union basée sur un respect mutuel, tous ces progrès seront difficiles, sinon impossibles. Les relations entre les trade-unions et la coopération devront consister pour chacune des deux organisations à respecter l'individualité de l'autre, tout en l'aidant dans son labeur journalier, et toutes les deux joindront leurs effets pour arriver à la réalisation de l'idéal commun : l'avènement de l'état coopératif.

Nous avons tenu à analyser aussi complètement que possible cette conférence. Étant donnée l'importance que prend de jour en jour le mouvement syndical tant en France qu'en Angleterre, et les transformations que le développement de ces associations est de nature à apporter dans l'état actuel de l'industrie, la question des rapports qu'elles doivent entretenir avec les associations ouvrières est un des plus intéressants qui puisse se présenter à propos de leur étude. Il faut nécessairement savoir, si ces deux groupements devront être en lutte continuelle jusqu'à ce que le plus puissant ait complètement absorbé l'autre, ou si au contraire, il n'est pas possible de penser qu'ils pourront se développer parallèlement. Les idées de Mlle Béatrice Potter nous semblent à cet égard présenter la solution la plus rationnelle.

§ 8

Maintenant que nous avons parcouru les diverses écoles et examiné les opinions qu'elles professent à l'égard des associations coopératives de production, il nous reste à résumer les conséquences qu'il faut déduire tant de cette étude que des faits que nous avons constatés en étudiant le développement des associations coopératives en France et les principaux types d'organisation qu'elles présentent.

Ce qui en ressort le plus manifestement, c'est que l'association coopérative de production, à l'état isolé et autonome, a trompé les espérances des théoriciens qui en avaient prêché l'organisation. Loin d'apparaître, après une expérience de plus d'un demi-siècle, comme les instruments d'une transformation sociale radicale, elles ont montré qu'elles ne pouvaient servir qu'à améliorer, souvent il est vrai d'une façon très efficace, la situation de quelques petits groupes d'ouvriers (1).

L'expérience a permis de constater, en outre, qu'elles étaient forcément enfermées dans les limites de la petite industrie. Les associations coopératives qui ont réussi, se présentent toutes dans les milieux où florissaient autrefois les artisans isolés et indépendants, pour lesquels la concentration croissante des capitaux et le développement de la grande industrie, rend de jour en jour la lutte plus difficile et plus âpre. Les artisans autrefois isolés, devenus ouvriers, s'associent pour résister à cet anéantissement.

Ce sont là des caractères propres à l'association coopérative de production prise en elle-même et qui ne sont pas le fruit de difficultés passagères et pouvant être vaincues un jour. Et cela tient à diverses raisons. La première, sur laquelle nous avons eu l'occasion de

(1) A ce point de vue, M. Gide, *Rev. d'Ec. pol.*, janvier 1900, p. 27, estime qu'on peut évaluer à environ 300 fr. le bénéfice annuel moyen, que procurent à leurs membres les associations ouvrières de production. Mais les avantages principaux qu'il y voit pour les coopérateurs, c'est surtout l'indépendance et la sécurité.

nous étendre longuement, c'est la difficulté de constituer un capital social suffisant pour aborder la grande entreprise. Pourtant, quelle que soit l'importance de cet obstacle, on peut encore supposer que les ouvriers pourront, à l'aide de l'un des moyens que nous avons étudiés, arriver à le franchir.

Mais une autre difficulté se dresse. C'est que plus l'exploitation est grande, plus la nécessité augmente d'attribuer une responsabilité considérable à ceux qui dirigent la production. Les qualités nécessaires à la direction d'une telle entreprise ne peuvent se rencontrer que rarement chez les ouvriers. Il y faut des connaissances, des aptitudes, des hérédités qu'ils ne possèdent pas encore.

Par contre, les ouvriers prennent facilement la fonction d'entrepreneur dans la petite industrie. Ils n'ont là à s'occuper que du marché local, ils connaissent la clientèle et la clientèle les connaît, ils travaillent, en somme, comme travailleurs associés dans les mêmes conditions que celles où ils étaient habitués à travailler comme artisans indépendants : et ils le font avec d'autant plus de chances de réussite, que le succès dépend en majeure partie dans une entreprise de cette nature de la productivité du travail de chaque associé et de son habileté professionnelle.

On constate, en effet, que la plus grande partie des associations qui ont réussi se trouvent dans les professions où la valeur de la main-d'œuvre est la plus considérable par rapport à celle des matières premières employées.

La société de production dans l'état actuel, ne peut guère prétendre à s'occuper que des métiers qui répondent à une consommation locale régulière. Et tant qu'un métier pourra être exercé par de petits patrons, il pourra l'être facilement par les sociétés de production.

Telle est la conclusion, qui se dégage à l'heure actuelle de l'état des associations coopératives de production.

Il ne faut d'ailleurs pas méconnaître l'utilité qu'elles peuvent présenter même à ce point de vue. Quel que soit le développement de la grande industrie, quelque importance que prenne le mouvement de concentration des capitaux, l'organisation de l'industrie nationale doit cependant rester complexe. A côté de la grande industrie subsisteront toujours des vestiges de la petite industrie qui répondent mieux à certains besoins particuliers locaux, et qui sans nuire au progrès général de la nation offrent des avantages très grands pour ceux qui les pratiquent.

L'association coopérative de production tend à permettre à ces formes de petite industrie de lutter dans des conditions plus avantageuses, et c'est à ce titre qu'elle doit être encouragée. Mais il ne faut pas attendre autre chose d'elle. Comme le disait déjà M. Brentano en 1885 (1) « toutes les sortes d'entreprise de production dans lesquelles l'ouvrier assume les fonctions de producteur ne parviennent pas plus à résoudre à elles seules la question sociale que n'y est parvenue la simple déclaration, insérée dans le Code, de la liberté personnelle et de l'égalité des droits de l'ouvrier. De même que l'entreprise coopérative au point de vue économique, la loi au point de vue moral, ne permet qu'à un petit nombre d'ouvriers parfaitement doués, d'arriver au plus grand développement possible de leurs capacités et à une participation proportionnelle aux bienfaits de la civilisation. La grande masse des ouvriers, au contraire, ne parvient point à ce développement, à cette participation. »

Tout autre sera la question si on envisage la production coopérative, non plus dans les associations de producteurs autonomes et isolés, mais au point de vue où s'est placée l'école néo-coopératiste. Selon la distinction établie par Bernstein (2), la production coopérative ne doit pas s'établir *par* l'association, mais *pour* l'association. L'association n'est pas l'organe de production, elle est par essence l'organe de distribution. Que ces associations soient comme le veut l'école néo-coopératiste les sociétés de consommation, qu'elles soient, comme on peut encore le vouloir, les syndicats

(1) Lujo-Brentano, *La question ouvrière*, p. 165.
(2) Bernstein, *Socialisme théorique et social-démocratie pratique*, p. 175.

professionnels, ce sont elles les grands facteurs de transformation sociale, et c'est par elles seulement que la production peut devenir véritablement coopérative.

Vu :
Le Président de la thèse,
GIDE.

Vu :
Le Doyen,
GLASSON.

Vu et permis d'imprimer :
Le Vice-Recteur de l'Académie de Paris,
GRÉARD.

Imp. J. Thevenot, Saint-Dizier (Hte-Marne).